서울지방변호사회
법제연구원 연구총서 07

행정조사의
사법적 통제방안 연구

서울지방변호사회

집필 김용섭 · 이경구 · 이광수

박영사

발간사

　　행정조사는 행정기관이 정책을 결정하거나 직무를 수행하는 데
필요한 정보나 자료를 수집하기 위하여 현장조사·문서열람·시료채취
등의 활동을 하거나 조사대상자에게 보고요구·자료제출요구 및 출석·
진술요구를 행하는 일련의 포괄적인 정보수집활동을 지칭합니다. 이러
한 행정조사에는 그 본질적 속성상 피조사자의 기본권에 대한 침해 가
능성이 상존합니다. 그리고 행정권력의 비대화라는 현대적 추세에 따
라 그 가능성은 더욱 높아지게 됩니다. 형사소송절차의 압수·수색과
실질적으로 아무런 차이가 없는 권력적 행정조사조차도 단지 행정절
차라는 이유만으로 영장주의의 원칙에서 자유로운 영역에 머무르면서
변호인의 조력권이 제대로 보장되지 않고 있는 현실이 단적인 예라고
할 수 있습니다. 이는 행정권력이 국민으로부터 필요한 정보를 수집하
고자 할 때 상대적으로 제약을 많이 받는 영장주의를 회피하기 위한
수단으로 행정조사를 남용할 위험성이 있음을 의미합니다.
　　서울지방변호사회 법제연구원에서 일곱 번째 연구총서로 발간하
게 된 본서는 이러한 위험성에 주목하여, 총론적으로 행정조사에 대한
적법절차의 적용 여부, 영장주의의 적용 가능성, 진술거부권의 인정
여부, 변호인의 조력권 보장 가능성 및 행정조사절차에 관한 일반규범
이라고 할 수 있는 현행 행정조사기본법의 문제점과 개선방안을 살펴

보았고, 각론으로 국민 생활에 미치는 심대한 영향력의 측면에서 가장 대표적인 행정조사 유형이라고 할 수 있는 국세기본법, 독점규제 및 공정거래에 관한 법률, 출입국관리법, 정치자금법 및 공직선거법이 규율하고 있는 행정조사 관련 규정의 문제점과 개선방안에 대한 연구결과를 정리하였습니다. 본서가 제시하고 있는 행정권력의 행사에 대한 사법적 통제방안 등 입법적 개선 방안은 향후 국회의 입법 활동에도 중요한 지침이 될 수 있을 것으로 기대합니다.

　　이번 연구에는 전북대학교 법학전문대학원 김용섭 교수님을 책임 연구위원으로 하여 이경구 변호사님과 이광수 변호사님이 연구위원으로 참여하여 주셨습니다. 냉철한 문제의식을 바탕으로 실증적인 연구를 수행하여 주신 연구위원님들의 노력에 깊은 감사의 말씀을 드립니다. 또한 본서의 출간을 위해 협조와 노고를 아끼지 않으신 박영사 안종만 회장님과 편집부 관계자 여러분의 노고에도 깊이 감사드립니다.

　　서울지방변호사회 법제연구원의 연구 영역이 다양하게 분화하면서 그 깊이가 더해지는 것은 우리 사회 전반에 법의 지배를 확대시키는 과정이 될 것이며, 국민의 기본권을 더욱 충실하게 보장하고 사회정의를 실현하는 길이 될 것이라 믿습니다. 서울지방변호사회는 앞으로도 이러한 연구 사업을 더욱 장려하고 발전시켜 나갈 것입니다.

2016년 12월

서울지방변호사회 회장

김 한 규

서 문

이 연구보고서는 행정조사에 관한 이론적 기초를 토대로 행정조사에 대한 사법통제의 방안을 법정책적 관점에서 모색한 공동연구의 결과물이다.

주지하는 바와 같이 법치국가는 법에 기초하여 행정이 이루어지는 법치행정이 구현되는 사회를 말한다. 법치행정의 원리를 실현하는 행정주체는 법을 적용하기에 앞서 사실관계를 확정할 필요가 있다. 행정청이 사실을 확정하여 올바르고 적정한 결정을 내리기 위해서 이루어지는 행정조사는 자주 활용되는 행정의 행위형식에 속한다. 그러나, 행정의 실제에 있어서 법 위반 사실에 대한 조사와 같이 사실상 수사기능을 하는 행정조사의 경우에는 형사소송법상의 절차를 생략하는 우회로로 잘못 이용되어 국민의 기본권이 침해되는 사례가 적지 않다. 우리나라는 다른 나라보다 앞서 행정조사기본법을 2007년 5월 17일 법률 제8482호로 제정하여 같은 해 8월 18일부터 시행하고 있다. 행정조사기본법에서 행정조사활동의 기본원칙과 절차적 통제장치를 마련하고 있다는 점에서 국민의 권익 보호를 도모하고 있는 점을 부인할 수 없다. 그러나 세무조사나 공정거래위원회의 조사 등 국민의 기본적 인권에 심대한 제약을 수반하는 행정조사에 역설적으로 행정조사기본법의 적용이 제외되는 등 제반 문제점이 드러나고 있다.

한편 행정조사에 대한 사법통제는 적법절차 원리의 적용에 따라 변호인의 조력권 등과 밀접한 관련성이 있는 영역임에도 그동안 이에 관하여 변호사단체에서 깊이 있는 관심을 기울이지 아니하였다. 김한규 회장 체제의 서울지방변호사회 집행부는 국민의 기본권 보장이라는 측면에서 본 연구의 필요성에 주목하였고 역량이 부족한 필자를 책임연구위원으로, 이광수 법제연구원 부원장과 이경구 김&장 법률사무소 변호사를 공동연구위원으로 위촉하여 연구의 진행을 요청하였다. 연구를 시작할 당시의 연구주제는 '행정조사절차에 있어서 변호인의 조력권 확대방안 연구'로 설정되어 있었으나, 지나치게 연구범위가 협소하다는 자체 판단에 따라 행정조사에 관한 새로운 체계를 수립하고 행정조사에 관한 문제점과 개선방안을 심도 있게 모색하자는 뜻을 반영하여 연구주제를 '행정조사의 사법적 통제방안 연구'로 변경하게 되었다.

그러나 비교적 짧은 연구기간과 필자의 제한된 역량으로 인해 보다 실증적이고 깊이 있는 논의를 이끌어 내지 못하고, 행정조사의 문제점을 지적하고 방향성을 모색하는 데 그친 점은 아쉬움으로 남는다. 호랑이를 그리려다 고양이도 제대로 못 그린 것이 아닌가 하는 자탄이 없지 않을 수 없다. 그러나 적어도 행정조사에 관한 비판적 문제의식을 가지고 실무가인 변호사가 당면하는 문제에 대하여 법이론적 측면에서 접근하였고 더불어 법정책적 방향을 제시한 측면에서는 나름대로 의미가 있다고 자평한다. 무엇보다 3인의 공동연구진은 공정거래위원회, 국세청 등에서 시행하는 세무조사가 국민의 권익을 심대하게 제한하고 있음에도 행정조사기본법 규정의 적용이 제외되고 있을 뿐만 아니라 절차적 권리가 제대로 보장되지 않고 있는 점, 행정조사절차에서 수집된 자료가 행정조사에 뒤따라 이어지는 형사사법절차에서 무제한적 증거로 사용되고 있는 점, 행정조사 중 본질적으로 사법절차와 유사한 성격을 가진 사실상의 수사에는 영장주의, 진술거부권, 변호인의 조력권이 폭넓게 보장되어야 할 필요성이 있다는 점 등의 제반 문제의식을 공유하면서 연구를 진행하였다.

이 연구보고서는 3인의 공동연구진의 역할 분담 하에 금년 6월 중순에 시작하여 9월 중순에 종료될 때까지 수차례의 회의와 논의를 거쳐 방향을 설정한 후 각자 맡은 부분에 대하여 연구한 결과를 수록한 것이다. 기본적으로는 행정조사에 관한 행정법학에서의 논의를 기초로 하여 위에서 살펴본 문제점을 극복하고 바람직한 사법적 통제방안을 모색하는 데 주안점을 두었다. 제1절 연구의 목적 및 필요성, 제2절 행정조사에 관한 기본이론과 제3절 행정조사기본법상 행정조사의 문제점과 개선방안 부분은 필자가, 제4절 세무조사의 사법적 통제방안과 제5절 공정거래조사의 사법적 통제방안 부분은 이경구 연구위원이, 제6절 출입국관리법상 행정조사의 사법적 통제방안과 제7절 정치자금법 및 공직선거법상 행정조사의 사법적 통제방안 부분은 이광수 연구위원이 각각 전담하여 집필하였다. 한편 제8절 결론 및 기대효과 중 I. 결론 부분에 관하여는 3인이 합심하여 공동으로 작성하였고, II. 연구의 기대효과에 관하여는 필자가 작성하였다.

이 연구를 통해 그동안 형사사법절차를 우회하는 방식으로 행정조사를 통하여 손쉽게 증거를 확보하여 왔던 행정기관의 관행을 차단하거나 행정조사에 있어서 절차적 통제를 강화하는 방향으로 입법적 개선이 이루어질 수 있기를 희망한다. 또한 순수한 행정조사작용을 통하여 확보한 자료를 형사소송절차에 증거로 원용하기 위해서는 별도의 절차적 통제장치를 거치도록 하고, 위법한 행정조사로 확보된 증거는 증거능력을 배제하는 등 피조사자의 기본적 인권을 보장하는 한편, 진술거부권과 변호인의 조력권을 보장하는 등의 절차적 권리를 확보하는 계기가 마련되기를 바란다. 나아가, 비록 이 연구보고서가 행정조사에 관한 연구의 지평을 행정법학적인 차원을 넘어 형사법학과 연

계된 연구로 확대하는 데에는 이르지 못한 아쉬움이 있으나, 행정조사
기본법을 비롯하여 국세기본법, 독점규제 및 공정거래에 관한 법률,
출입국관리법, 공직선거법 등 개별 법률상 행정조사의 문제점을 개선
하여 행정조사의 사법적 통제를 보다 강화하는 국가적 대책이 강구되
기를 기대한다.

끝으로, 이 연구보고서의 발간에 깊은 관심과 격려를 아끼지 않은
서울지방변호사회 제93대 김한규 회장께 이 자리를 빌어 감사를 드린
다. 이 연구보고서가 완성될 때까지 세밀한 부분까지 꼼꼼하게 교정의
수고를 아끼지 아니한 서울지방변호사회 법제팀 박중진 팀장과 신혜
지 주임 그리고 박영사 편집부의 담당자에게도 감사의 말씀을 전하고
싶다.

2016년 12월
서울지방변호사회 법제연구원
책임연구위원 김 용 섭

차 례

行政調査의 司法的 統制方案 研究

연구의 목적 및 필요성

　　행정조사는 행정청의 일상적인 활동에 속한다. 행정청은 법치국가 내에서 각각의 행정결정을 하기에 앞서 사실관계를 충분히 조사하여야 하는 과제와 의무를 동시에 갖는다. 그 이유는 법을 적용하기에 앞서 사실관계의 확정에 있어 담당 공무원이 실체적 진실을 인식하고 있다는 전제 위에서 행정결정이 이루어져야 하기 때문이다.[1] 이처럼 행정조사는 행정의 활동을 위한 정보의 획득 수단이면서 올바른 행정정책의 수립과 행정결정 및 집행을 위한 전제가 되는 행정의 작용형식이다. 우리의 다수 개별 법률에서 행정조사에 관하여 명문의 규정을 두고 있다. 이와 더불어 행정조사기본법이 2007년 5월 17일 법률 제8482호로 제정·공포되어, 같은 해 8월 18일부터 시행되고 있다. 이처

1　Bettina Spilker, 『Behördliche Amtsermittlung』, Mohr Siebeck, 2015, Vorwort.

럼 행정조사를 실정법적인 차원에서 기본법으로 법제화하고 있지만, 행정조사의 개념 및 이론정립과 관련하여 행정조사가 상대방의 협조를 전제로 하는 임의적 비권력적 작용인지 그 차원을 넘어서는 권력적 작용인지 학자마다 다양하게 접근하고 있다.[2]

　　종래에는 행정조사가 실무상 중요한 의의를 가짐에도 불구하고

2 행정조사에 관한 주요 논문으로는 강수진, "공정거래위원회의 조사권 행사와 형사절차상 원칙과의 관계", 「형사법의 신동향」 통권 제37호, 2012; 김남욱, "경찰상의 조사에 관한 법적 문제", 「토지공법연구」 제33집, 2006; 김남욱, "공정거래위원회의 강제조사권", 「토지공법연구」 제17집, 2003; 김성태, "통신법상의 행정조사 — 독일 통신법상의 행정조사와의 비교고찰", 「행정법연구」 제2권, 2007; 김영조, "미국행정법상 행정조사의 법리에 관한 고찰", 「토지공법연구」 제19집, 2004; 김영조, "행정조사기본법의 문제점과 개선방안", 「공법학연구」 제8권 제3호, 2007; 김재광, "행정조사기본법 입법과정에 관한 고찰", 「법학논총」 제33권 제2호, 2009; 백창현, "경찰상 조사의 법적 한계에 관한 소고", 「치안정책연구」, 2004; 박정훈 외 3인, "미국 등 주요 선진국가의 행정조사와 영장주의 — 출입국사범에 대한 단속을 중심으로", 법무부 출입국·외국인정책본부, 2011; 박혜림, "수사단계의 적법절차원리에 대한 고찰 — 사실상 수사로서의 행정조사를 중심으로 —", 「법학논총」 제20집 제2호, 2014; 신보성, "행정조사와 개인정보의 보호 — 특히 경찰에 의한 정보수집과 관련하여—", 「중앙법학」 창간호, 1999; 신상환, "행정조사의 법이론과 법제소고", 「법제연구」 제13호, 1997; 안태준, "공정거래법상 조사방해행위에 대한 연구", 「법조」 통권 제673호, 2012; 오준근, "행정조사의 공법이론적 재검토", 「공법연구」 제31집 제3호, 2003; 오준근, "행정조사제도의 법리적 논의·입법동향의 평가와 개선방안에 관한 연구", 「토지공법연구」 제45집, 2009; 윤혜선, "캐나다 판례법상 행정조사의 절차적 공정성 법리에 관한 고찰", 「한양법학」 제23권 제2집, 2012; 이근우, "행정조사의 형사법적 한계설정", 「고려법학」 제72호, 2014; 이상규, "행정조사와 기본권", 「사법행정」 제4권 제11호, 1963; 이창섭, "공정거래법상 고발요청권에 관한 소고", 「형사정책연구」 제26권 제4호, 2015; 정영철, "행정법의 일반원칙으로서의 적법절차원칙," 「공법연구」 제42집 제1호, 2013; 장은혜, "행정조사에 있어서의 권리구제에 관한 고찰", 아주대 법학석사학위논문, 2009; 정한중, "행정조사와 진술거부권 고지의무 —대법원 2014. 1. 16. 선고 2013도5441 판결 —", 「외법논집」 제38권 제2호, 2014; 최승필, "세무조사의 요건 및 절차와 권리구제에 대한 법적 검토 —재결과 판례에 나타난 주요 쟁점을 중심으로 —", 「공법연구」 제42집 제3호, 2014 등을 들 수 있다.

그것이 법적 행위가 아니고 그 준비단계인 사실행위라는 점, 그리고 행정조사의 방법·대상 등이 다종다양하다는 점으로 인해 그것을 통일적인 법적 도구개념으로 구성하는 데 어려움이 적지 않았다. 오늘날 행정조사 활동의 중요성에 대한 인식이 높아지고 있으며, 순수한 임의적 조사활동의 측면보다는 강제조사 내지 간접적 강제력을 갖는 경우에 그에 대한 법적 통제를 어떻게 확보할 것인지가 중요한 문제라고 할 것이다.

또한 정보화 사회의 진전에 따른 정보의 조사, 수집, 처리, 보존과정에서의 개인 또는 사생활의 보호라는 관점에서 이 문제가 재조명받고 있을 뿐만 아니라, 행정법학 차원에서는 최근에 행정조사를 즉시강제로부터 분리하는 데 그치지 아니하고 독자적인 행정의 행위형식으로 파악하는 등 다양한 논의가 전개되고 있다.

한편 행정조사가 순수한 행정작용을 위한 준비행위 내지 정보획득의 수단을 넘어서서 수사절차와 혼용되어 이루어지거나 행정조사절차에서 이루어진 정보를 토대로 형사고발로 나아가는 경우가 빈번하다. 이처럼 행정조사가 사실상 형사수사와 큰 차이가 없이 전환되더라도 행정기관에 의한 조사활동이라는 미명 하에 형사소송법이 적용되지 않아 적법절차의 원칙이 제대로 지켜지지 않는 부작용이 나타나고 있다.

가령 소방기본법 제31조는 소방서장 등이 화재조사를 한 후 만일 범죄혐의를 발견한 때에는 즉시 경찰서장에게 통보함과 동시에 필요한 증거를 수집보전하도록 규정하고 있는바, 이는 행정조사작용인 동시에 형사사법절차에 밀접하게 결부되고 있음을 나타낸다. 수사절차와 구분이 명확하지 않은 행정조사의 예로는 선거범죄의 조사와 관련한 공직선거법 제272조의2 제7항과 제8항[3]을 들 수 있다. 이러한 회색지

---

3 「공직선거법」 제272조의2(선거범죄의 조사등) ① ~ ⑥ <생략>

대에 놓여있는 '법위반사실의 조사' 내지 형사절차에서 수사에 해당하는 행정조사는 그동안 깊은 문제의식 없이 다루어져 왔다. 그러나 헌법과 형사소송법에 따라 엄격하게 준수되어야 하는 형사사법절차와 달리 이들 행정조사에 대해서는 헌법적, 형사소송법적 권리와 절차적 보장의 문제에 대한 논의가 활발히 이루어지지 못하고 있는 실정이다. 이러한 '법위반사실의 조사'는 '사실상 수사'에 해당하는 것으로 무형식적인 '행정조사'가 아니라, 성질이 허락하는 한 그 본래적인 성격에 맞게 '수사'로서 파악하여 형사사법 절차적 권리의 보장을 준용하는 것이 국민의 기본권 보호에 부응하는 것이다.4 행정실제에 있어서 우려스러운 일은 이러한 행정조사 절차에서 수집된 자료가 조사절차에 뒤따라 이어지는 수사절차에서 증거로서 무제한적으로 사용되고 있으며, 조사의 주체를 제외한다면 조사과정 역시 수사절차와 본질적으로 구분되지 않는 양태를 보이고 있다는 점이다.

행정조사에 있어서 사후적 법적 통제도 중요하지만, 행정결정의 절차적 적법성의 보장을 위해 전제조건이 되는 행정조사에 대한 절차적 사전 통제는 국민의 참여를 확대하고 행정의 민주화를 도모함과 동시에 행정의 신뢰를 확보하고 행정의 실효성을 증대시킬 수 있어 매우 중요하다고 할 것이다.5 특히, 행정조사 절차 중 본질적으로 수사절차

---

⑦ 각급선거관리위원회 위원·직원이 제1항에 따라 피조사자에 대하여 질문·조사를 하는 경우 질문·조사를 하기 전에 피조사자에게 진술을 거부할 수 있는 권리 및 변호인의 조력을 받을 권리가 있음을 알리고, 문답서에 이에 대한 답변을 기재하여야 한다.   <신설 2013.8.13.>

⑧ 각급선거관리위원회 위원·직원은 피조사자가 변호인의 조력을 받으려는 의사를 밝힌 경우 지체 없이 변호인(변호인이 되려는 자를 포함한다)으로 하여금 조사에 참여하게 하거나 의견을 진술하게 하여야 한다.   <신설 2013.8.13.>

4 이근우, "행정형법의 재구성: 개념, 구조, 절차", 고려대 법학박사학위논문, 2008 참조.

5 윤혜선, "캐나다 판례법상 행정조사의 절차적 공정성 법리에 관한 고찰", 「한양법학」 통권 제38집, 2012, 180면.

와 유사한 성격의 조사의 경우에는 진술거부권이나 변호인의 조력권
이 폭넓게 보장될 필요가 있고 절차적 보장과 실체적 한계 등을 준수하
도록 하는 등 사전 또는 사후적인 사법적 통제를 확대할 필요가 있다.

　본 연구에서는 행정조사 전반에 관한 이론적 기초를 검토하고, 나
아가 행정조사에 관한 기본법인 행정조사기본법의 문제점과 개선방안
을 모색하기로 한다. 또한 개별법으로는 국세기본법에 의해 국세청 등
에서 행하는 세무조사활동, 「독점규제 및 공정거래에 관한 법률」에 근
거한 공정거래위원회의 조사활동, 출입국관리법상 조사활동과 정치자
금법 및 공직선거법상 조사활동에 대한 사법적 통제방안을 살펴보기
로 한다.

　무엇보다 행정조사 전반에 걸쳐 비판적 문제의식을 갖고, 행정조
사의 의의 및 유형, 법적 성질과 법적 근거 및 법적 한계를 다루기로
한다. 아울러 행정조사에 대한 헌법적 논의를 고찰하면서 행정조사에
있어서 영장주의의 적용여부, 진술거부권의 고지, 나아가 변호인의 조
력권의 도입 검토와 그 구체적인 입법적 개선과제를 모색함으로써 행
정조사에 있어서의 사법적 통제의 확대를 통하여 국민의 기본적인 인
권신장에 기여하려는 데 본 연구의 목적이 있다.

行政調査의 司法的 統制方案 硏究

행정조사에 관한 기본이론

I. 행정조사의 체계적 위치

행정조사 제도의 법치국가적 문제점 중 가장 주요한 것은 그것이 개인의 기본권에 대한 침해를 수반하는 것임에도 불구하고 형사절차가 아니라는 이유로 각 개별법령상의 근거만 있으면 언제든지 발동할수 있는 것으로 인식되고 있다는 점이다. 행정절차의 성격이 형사절차와 구별되는 면이 있음을 부정할 수는 없을 것이지만, 개인에게 발생하는 침해의 성격이 동일함에도 행정절차라는 이유만으로 헌법상의 기본권 제한의 일반 원리를 무시할 수는 없을 것이기 때문이다. 예방작용, 관리·감독 작용을 근간으로 하는 행정작용의 성격으로 파악할수 있는 한도에서는 행정절차의 일반원칙의 준수만으로도 정당화될

수 있겠지만, 사법작용의 성격을 갖는 경우에는 형사사법절차상의 일
반원칙에 비추어 그 작용의 정당성을 판단하여야 함은 당연한 일일 것
이다.

행정조사의 개념은 아직 완전히 정착된 것이 아니므로 학자에 따
라 견해의 차이는 있으나 여러 가지 관점에서 분류될 수 있다. 행정조
사를 행정의 실효성 확보수단의 일종으로 보는 입장이 있는가 하면,
이를 행정절차의 일종으로 보는 입장도 있다. 물론 여전히 행정조사를
독자적인 행정형식으로 인정하지 않으려는 입장도 존재한다.

첫째로, 행정조사를 행정상의 즉시강제와 같은 맥락에서 설명하면
서도 상호간에 구별되는 하나의 행위유형으로 보는 견해6가 있다. 이 견
해에 의하면 행정상 즉시강제와 함께 행정조사를 행정의 실효성 확보
수단으로 다루면서 종래 강제적인 자료수집 활동인 질문·검사 등의
권력적 행정작용을 행정상 즉시강제에 포함하여 다루어 왔으나, 최근
에는 행정기관에 의한 질문·검문, 가택에의 출입검문 등을 행정상의
즉시강제와 구별하여 다루고 있다. 즉시강제와는 권력적 작용이라는
점은 공통적이지만,7 행정조사는 정책수립이나 적정한 업무수행에 필
요한 자료와 정보의 수집을 위한 활동이고, 아울러 궁극적인 행정작
용을 위한 예비적·보조적 활동이라는 점에서 차이가 있다. 다시 말해
서 ① 질문·검사 등은 후속되는 행정처분 등을 위한 전제자료를 수집
한다고 하는 간접적인 행정목적을 위한 활동이나, 행정상의 즉시강제
는 그 자체가 직접 행정목적을 실현하는 최종행위라는 점, ② 질문·
검사의 거부에 대하여는 벌칙에 의한 제재라고 하는 간접강제가 인정
되는 데에 지나지 않으나, 행정상의 즉시강제에 있어서는 사인의 신

---

6 이러한 견해를 대표하여 김동희,『행정법 Ⅰ』, 박영사, 2015, 497면 이하. 김
  동희 교수는 행정조사를 권력적 조사활동으로 좁게 파악하고 있다.
7 오준근 교수는 권력적 조사활동보다는 비권력적 조사활동을 행정조사의 기본
  유형으로 파악하여야 한다고 보고 있다.

체·재산에의 실력행사가 인정된다는 점 등이다.

둘째로, 행정의 실효성 확보수단이 아닌 행정의 흐름으로 파악하고 행정조사를 행정정보와 행정절차를 묶어서 다루는 견해[8]이다. 이러한 관점은 행정조사를 행정의 실효성 확보수단이 아닌 하나의 행정과정 내지 행정제도로 파악하는 견해이다. 이 견해에서는 행정행위나 행정상의 즉시강제 등의 행위유형은 행정조사의 한 수단으로 이해되고 권력적 수단의 뒷받침이 없는 임의조사도 검토의 대상이 된다. 즉 종래의 개념체계와는 다른 하나의 설명개념 내지 문제발견적 개념으로서, 행정조사를 보다 넓게 파악하여 행정기관이 어떤 행정목적을 달성하기 위하여 필요한 정보를 수집하는 활동이라고 정의한다.

셋째로, 행정의 실효성 확보수단과는 구분하여 행정의 작용형식이나 일반 행정작용법의 내용으로 파악하는 견해[9]이다. 이러한 견해는 행정의 실효성 확보수단의 일종으로 파악하던 즉시강제와의 결별하에 새로운 체계를 정립하려는 시도라고 볼 수 있다. 즉, 일반 행정작용법을 제1장 행정입법, 제2장 행정계획, 제3장 행정행위, 제4장 공법상 계약, 제5장 행정상 사실행위, 제6장 행정지도, 제7장 행정조사, 제8장 행정의 실효성 확보수단으로 파악하고 있는 것이 그 단적인 예라고 할 것이다.

생각하건대 행정조사는 행정청과 시민 간의 정보의 확보와 절차보장을 위한 협력적 행정작용으로 파악할 수 있다. 따라서 행정조사는 법치국가의 실현을 위해 행정청의 사실인정의 필요성이 인정되지만 사실적 수사로서 기능하는 행정조사에 있어서 형사절차적 보장 사이의 긴장관계에 있다고 본다. 이러한 관점에서, 종전의 즉시강제와의 차별적인 논의를 통해 행정조사는 그 자체로 행정의 작용형식의 하나

---

8 이러한 견해를 대표하여 김철용, 『행정법』, 고시계사, 2016, 261~270면.
9 박균성, 『행정법강의』, 박영사, 2016, 365면.

이며 행정처분을 하기에 앞서 정보를 수집하는 절차로서 행정절차의 특수한 부분으로 이해하고자 한다. 이러한 관점에서 권력적 조사와 함께 임의적 조사도 함께 다루어 나가는 것이 바람직하다. 비록 강제력을 갖는 조사가 아니라 임의적 조사일지라도 조사에 불응하는 경우에 형벌이나 과태료의 제재를 가하는 것을 전제로 행정기관의 조사에 응하도록 강제하는 간접강제력을 갖는 행정조사를 어떤 관점에서 법적 통제를 할 것인지의 문제가 중요하고, 특히 위법사실의 조사와 같이 형사법상의 수사와 접촉하는 영역의 문제로서 고발 등의 절차를 거쳐 수사절차로 이행되는 경우에 증거능력의 문제 등에 대하여도 폭넓게 논의할 필요가 있다.

Ⅱ. 행정조사의 의의 및 유형

1. 행정조사의 의의

가. 행정조사의 개념

행정조사에 관한 이론적 개념 정립과 관련하여, 행정조사를 넓게 정의하는 견해는 "행정기관이 사인으로부터 행정상 필요한 자료나 정보를 수집하기 위하여 행하는 일체의 행정작용"이라 정의한다. 그 반면에 행정조사를 좁게 정의하는 견해[10]는 "행정기관이 궁극적으로 행정작용을 적정하게 실행함에 있어서 필요로 하는 자료·정보 등을 수집하기 위하여 행하는 권력적 조사활동"이라고 정의한다. 행정조사를 권력적 조사활동이라고 한정할 경우 행정조사의 법률적 근거의 필요성이 드러나고 그 한계의 설정이 가능해지는 등 학문적인 논리체계를 세움에 있어 장점이 있다. 그 반면에 권력적 행정조사로 행정조사의 개념을 한정할 경우 행정조사의 본질을 직시하지 못한다는 문제점이

---

10 다른 학자를 대표하여, 김동희, 『행정법 Ⅰ』, 박영사, 2015, 500면.

지적된다. 행정조사는 그 본질이 자료나 정보를 수집하는 활동이다. 따라서 본질적으로는 상대방의 임의적 협력에 기초하는 것이 원칙이다. 다시 말해서 행정조사는 비권력적 행정조사를 그 근간으로 한다.

다음으로, 행정조사에 관한 실정법적 개념을 살펴보기로 한다. 행정조사기본법 제2조 제1호에서 실정법상 행정조사에 관한 개념규정을 두고 있다. 즉, '행정조사'란 행정기관이 정책을 결정하거나 직무를 수행하는 데 필요한 정보나 자료를 수집하기 위하여 현장조사 · 문서열람 · 시료채취 등을 하거나 조사대상자에게 보고요구 · 자료제출요구 및 출석 · 진술요구를 행하는 활동을 말한다. 이 규정에 따를 경우 행정조사는 임의조사와 강제조사, 행정행위와 사실행위를 모두 포괄하는 넓은 의미로 이해된다.

나. 행정조사의 개념적 구성요소

첫째로, 행정조사는 행정기관의 조사작용이다. 행정조사기본법 제2조 제2호에서 "행정기관이란 법령 및 조례 · 규칙(이하 '법령등'이라 한다)에 따라 행정권한이 있는 기관과 그 권한을 위임 또는 위탁받은 법인 · 단체 또는 그 기관이나 개인을 말한다."고 규정하고 있으므로 입법기관 및 사법기관은 이에 포함되지 아니한다.[11] 이와 관련하여 행정소송법상 직권증거조사와 관련하여 행정청이 당사자에게 협력을 요구하여 직권으로 조사해야 하는 경우가 있다. 이러한 경우도 행정조사와 마찬가지로 사실관계 규명의무(Sachverhaltsaufklälung)가 있다는 점에서는 공통적이지만 법원의 조사활동이므로 이를 행정조사로 볼 것은 아니다.[12] 행

---

11 단지 행정조사라는 개념에 포함되지 않는다는 것을 의미할 뿐 입법조사나 사법조사가 국민의 권익을 침해할 위험성이 없다는 것을 의미하는 것은 아니다. 이와 같은 조사활동에 대하여도 행정조사기본법에 준하여 다루어야 할 것이다. 행정조사기본법에 법원이나 국회의 조사에 있어서도 행정조사에 준한다는 규정을 마련할 필요가 있다.

12 Peter Jacob, "Der Amtsermittlungsgrundsatz vor dem Verwaltungsgericht," JUS 2011, S. 510 ff.

정조사의 경우 행정기관의 범위에는 지방행정기관, 지방자치행정기관, 행정권한을 수여받은 공공단체와 행정권한을 수여받은 사인을 모두 포괄하는 넓은 개념으로 이해한다. 특히 이 경우 행정기관은 모든 보조기관을 포괄하는 넓은 의미의 행정기관으로 파악한다.[13]

둘째로, 행정조사는 행정기관이 사인을 조사하는 작용이다. 행정기관이 다른 행정기관을 조사하는 경우는 엄밀한 의미에서 행정조사로 보기 어렵다. 조사를 하는 목적은 다양하다. 정보를 획득하여 올바른 행정결정을 위한 조사일 수도 있고, 법 위반사실의 확인을 위해서 행정조사가 이루어지기도 한다.

셋째로, 행정조사는 행정기관이 사인으로부터 행정상 필요한 자료나 정보를 수집하기 위하여 행하는 일체의 행정작용을 모두 포괄한다. 즉 권력적 조사작용과 비권력적 조사작용을 모두 포괄하며, 사실행위와 법률행위를 모두 포괄한다.[14] 특히 정보나 자료를 수집하기 위하여 행하는 현장조사, 문서열람, 시료 채취 등을 행하거나 조사대상자에게 보고요구, 자료제출요구 및 출석·진술요구를 행하는 활동을 말한다.[15]

다. 다른 개념과의 구분

(1) 즉시강제와의 구분

먼저, 행정상 즉시강제는 직접 개인의 신체나 재산에 실력을 가하여 행정상 필요한 상태를 구체적으로 실현시키는 것을 목적으로 하는 데 반하여 행정조사는 그 자체가 목적이 아니라 행정작용을 위한 자료를 얻기 위하여 행하는 준비적·보조적 수단으로서의 성질을 가진다. 다음으로, 행정상 즉시강제는 직접적인 실력행사를 통하여 일정한 상태를 실현시키는 것인 데 대하여 행정조사는 직접적인 실력행사가 아

---

13 오준근, "행정조사의 공법이론적 재검토", 「공법연구」 제31집 제3호, 2003, 533면.
14 오준근, 앞의 논문, 533~534면.
15 행정조사기본법 제2조 제1항.

니라 상대방의 수인의무에 근거하여 행하여지는 단순한 조사활동에 지나지 않는다는 점에서 차이가 난다.[16]

또한 행정상 즉시강제는 행위의 급박성이 개념요소가 되는 데 반해 행정조사는 급박성이 개념요소가 되지 않는 점에 차이가 있다.[17] 개별법상의 행정조사에 해당하는 것이 일률적으로 어느 것은 강학상의 행정조사에 해당하고, 어느 것은 행정상 즉시강제에 해당하는 것인지 용이하게 판단되는 것은 아니다. 「경찰관 직무집행법」 제7조에 의한 '위험방지를 위한 출입'과 같은 경우는 즉시강제에 속한다고 비교적 명확하게 말할 수 있지만, 가택수색 등 많은 경우에 양자의 성격은 혼재되어 있는 것으로 보인다.

(2) 형사소송법상 수사와의 구분

형사사건에 있어서 수사는 사안의 진상을 해명하고 국가 형벌권의 적정한 행사를 위하여 주로 범죄사실 및 범인의 특정에 주안점을 두고 피의자 또는 제3자에게 신문하는 것이 기본이다. 이러한 수사에 있어서도 임의수사가 원칙적인 형태이다.

한편, 위법한 행정조사로 인하여 수집된 행정자료의 신빙성을 부정할 수 있는 수단이 제대로 마련되어 있지 않은 것이 문제이다. 헌법 및 형사소송법상 '불법수집 증거의 증거력 부인'의 원칙이 인정된다. 이 원칙은 행정법의 경우에도 마찬가지로 적용되어야 한다는 것이 다수의 학설이다. 판례도 이를 따른 것으로 보인다. 그 예로는 수입물품의 신고가격이 유사물품에 관한 극소수 관세범칙 사건의 조사과정에서 밝혀낸 거래가격과 차이가 난다는 이유만으로 신고가격을 부인할 수는 없다고 한 사례를 들 수 있다.[18] 설사 범죄혐의가 인정되는 피의자라고

16 정하중, 『행정법개론』, 법문사, 2015, 465면.
17 김향기, 『행정법개론』, 탑북스, 2010, 333면.
18 대법원 2007. 12. 27. 선고 2005두17188 판결.

할지라도 출석을 거부하거나 출석 후에 있어서도 퇴거하는 것이 허용된다. 무엇보다 불출석 그 자체가 체포의 이유가 되지 않는 데 반해, 행정조사 중에는 조사를 거부하게 되는 경우에 실력행사를 정당화하거나 일정한 형벌이나 과태료를 통해서 조사에 불응하지 못하고 강제하는 측면이 있다. 그런데 형사사건의 수사에 있어서는 피의자 신문 시 진술거부권이 고지되는 데 반해 행정조사에 있어서는 원칙적으로 형사사건의 수사와 다르다는 이유로 진술거부권을 고지하지 않아도 무방한 것으로 보고 있다. 아울러 피의자 신문조서의 경우에는 다 읽어보고 자신의 진술이 제대로 기술되어 있는지를 확인하고 서명날인을 하는 데 반해, 행정조사의 경우에는 이와 같은 절차를 마련하고 있지 않는 경우가 일반적이므로 녹취를 가능하게 하거나 형사수사절차로 전환되는 경우 등 일정한 경우에는 투명성의 요청을 확보하거나 변호사의 입회를 허용하는 방안 등이 모색될 필요가 있다.[19]

행정실무에 있어서는 행정법령상의 위반행위에 대한 행정상 단속을 통하여 확보된 자료를 향후 수사기관에서 형사소추를 위한 증거자료로 활용하고 있으나, 이러한 문제점을 극복하기 위해서 위험방지를 위한 행정조사와 형사소추를 위한 범죄수사를 엄격히 구분하여 행정조사에 의하여 확보된 자료는 과태료나 허가 또는 면허의 취소사유 등 행정상 제재를 부과하는 데 활용하고, 나아가 형사절차에서 증거자료로 사용되지 않도록 할 필요가 있다.[20]

(3) 특별사법경찰관리 제도와의 구분

형사소송법상의 수사와 관련하여 특별한 제도인 특별사법경찰관리 제도와의 구분에 대하여 살펴보기로 한다.

---

19 伊藤鐵男 · 荒井喜美, "行政調査における事情聽取の抱える問題點 - 犯罪搜査における取調べの現實的課題を踏まえて", 「NBL」 No. 998, 2013. 4. 1, 31~39面.
20 송진경, "압수, 수색으로서 실질적 의미를 가지는 행정조사에 있어서 영장주의의 준수필요성에 대한 소고", 「법과 정책」 제20집 제3호, 2014, 123면.

특별사법경찰관리 제도라 함은 행정법 분야에서 담당공무원들이 전문성 활용과 일반 사법경찰관리의 수사의 한계를 극복하기 위해 도입된 제도로서 일반적으로 형사소송법에 근거하여 「사법경찰관리의 직무를 수행할 자와 그 직무범위에 관한 법률」에 의하여 사법경찰관리의 신분을 취득하거나, 일반 공무원 가운데에서 일정 직위에 있는 자들을 검사장이 지명하여 사법경찰관리의 직무를 수행하도록 하는 제도를 말한다. 이와 같은 특별사법경찰관리는 형법상의 수사보다는 행정형벌규정과 관련된 일정 범죄에 대한 수사를 하는 것이다.[21]

이에 반하여 행정조사는 원칙적으로 간접조사의 방법에 의하여, 극히 예외적으로 직접조사를 수권하는 경우에는 그 행정조사를 통하여 수집된 자료 또는 정보 등은 형사사법절차에 관한 증거로서의 이용이 배제되지 않으면 아니 된다.[22]

개별분야 공무원들의 업무전문성을 이용하려는 특별사법경찰관리 제도의 취지에도 불구하고, 기본적으로 이들 공무원의 이중적 신분과 관련한 문제로서 이 때문에 이들이 작성한 서류나 압수한 물건의 형사소송법적 성질, 일반공무원법상의 상관에 대한 복종의무와 수사기관으로서의 수사지휘권과의 관계의 문제 등이 문제가 되는 것이다.

이들 공무원들은 그 스스로 소속기관의 공무원으로서 개별법상의 행정조사권한이 부여되어 있고, 그에 따라 조사하고, 형사법적 위반사실을 발견하면, 수사기관에 '고발조치'하면서, 조사서류를 제출할 수도 있다. 이는 특별사법경찰관리의 신분을 부여받지 못한 공무원들과 마찬가지이다. 이 경우에 조사담당 공무원은 수사기관이 아니므로, 당사자의 진술을 받을 때에도 진술거부권의 고지 등을 행할 필요가 없으

---

21 이재구, "행정조사과정에서 발생하는 문제점 및 개선방안에 관한 실무적 고찰 — 행정조사와 수사를 중심으로 —" 한양대학교 공공정책대학원 석사학위 논문, 2015, 69면.
22 이상규, "행정조사와 기본권", 「사법행정」 제4권 제11호, 1963.

며, 작성된 서류는 공무원이 직무상 작성한 서류로서 취급되는 것이 실무 처리의 관행이라고 할 것이다.[23] 다만 이 경우에는 긴급체포, 압수, 수색을 행할 수는 없고, 개별법상의 조사방법에 따라야 한다. 그러나 대부분의 개별법에는 현장조사 시에 공무원의 권한을 표시하는 증표를 제시하도록 하고 있어 법관의 영장이 없는 출입권, 수거, 폐기권한 등 행정조사를 광범위하게 인정하고 있다. 나아가 이러한 조사행위를 거부하거나 기피 또는 방해하는 행위에 대하여 벌칙 규정을 통해 간접적으로 강제하는 규정을 두고 있다.

　그런데 행정조사를 담당하는 공무원에게 「사법경찰관리의 직무를 수행할 자와 그 직무범위에 관한 법률」에 따른 '특별' 사법경찰관리의 신분이 부여되면, 이들은 수사기관으로서 검사의 수사지휘 하에 놓이게 되고, 행정조사는 형사 수사가 되므로 형사소송법의 통제를 받게 되는 것이다. 따라서 진술거부권의 고지, 영장주의, 변호사의 조력권 등 형사소송법상의 절차를 준수하여야 한다. 따라서 이들이 작성한 서류는 행정조사의 경우와는 달리 사법경찰관이 작성한 서류로 취급되게 되므로 진술조서를 작성하기에 앞서 진술거부권을 고지하는 등 절차적 통제가 가해지게 되며, 엄격한 형사증거법상의 원칙을 적용받게 된다. 다만, 실무상으로는 선행되는 일반 조사공무원들의 서류가 존재하고 있고, 물건 등의 경우에도 이미 '수거'된 것을 '임의제출물'로서 영치할 수 있기 때문에 단지 크게 문제가 부각되지 않고 있을 뿐이지만 그 내면을 보다 심층적으로 고찰하면 특별사법경찰관리가 수행하는 영역에 있어서 행정조사와 수사가 혼용되어 국민의 권익이 침해되는 일이 없도록 제도적 장치를 마련할 필요가 있다.

　그러나 이와는 역설적으로 2016. 8. 11. 국회에 제출된 박성중 의원 대표발의 「사법경찰관리의 직무를 수행할 자와 그 직무범위에 관한

| 23 이근우, 앞의 논문(각주 2), 93면.

법률」 일부개정법률안(제1545호)에 의하면 제13조[24]에 이례적으로 행정
조사에 관한 근거규정을 마련하고 있다.

제13조를 신설하는 부분에 대하여는 행정조사와 사법당국의 수사
와의 관계에서 행정조사의 방식으로 수사상의 인권유린이 발생할 수
있으므로 이와 같은 조항의 신설은 법체계상 문제가 있어 반대한다.
일반 경찰관에게 허용되지 않는 조사권한을 특별경찰관에게 광범위하
게 허용하는 것은 형평성에 반할 뿐 아니라 행정조사제도와의 관계설
정에 비추어 보아도 그와 같은 운영은 형사사법절차의 바람직한 운영
을 위하여 타당하지 않다고 보여진다.

더구나, 특별사법경찰관으로 하여금 현장 출입, 자료의 제출 요구,
장부나 그 밖의 서류의 검사를 하게 하려면 법관의 영장을 발부받아야
하는데, 이와 같은 절차 없이 동법 제13조 제2항에 따라 단지 그 직무
를 수행하는 관계 공무원이 그 권한을 표시하는 증표를 지니고 이를
관계인에게 내보내는 것으로 조사가 정당화될 수 없다.

2. 행정조사의 유형

행정조사는 매우 다양하므로, 행정조사를 체계화하려면 이를 일정
한 유형으로 분류하여 고찰할 필요가 있다. 행정조사를 임의적 조사(비
권력적 조사), 강제적 조사(권력적 조사)로 등식화하여 설명하는 견해[25]도
있으나, 여기서는 임의적 조사와 강제적 조사, 권력적 조사와 비권력
적 조사로 구분하여 다루기로 하되, 중요한 구분에 해당하는 순수한

24 「사법경찰관리의 직무를 수행할 자와 그 직무범위에 관한 법률」 제13조(조
사·검사) ① 이 법에 따른 사법경찰관리의 소속 관서의 상은 소관 사법경찰
관리로 하여금 그 직무수행에 필요한 범위에서 현장 출입, 자료의 제출 요구,
장부나 그 밖의 서류의 검사를 하게 할 수 있다.
② 제1항에 따라 그 직무를 수행하는 관계 공무원은 그 권한을 표시하는 증
표를 지니고 이를 관계인에게 내보여야 한다.
25 이호용, 『행정법강의』, 청목출판사, 2010, 278면.

행정조사와 수사절차와 혼용된 행정조사에 대하여도 살펴보기로 한다. 아울러 조사목적에 따른 유형으로 구분하는 것도 가능하다고 할 것이다. 이하에서 행정조사의 유형에 대하여 살펴보기로 한다.

가. 강제조사와 임의조사

행정조사는 강제성 여부와 관련하여 강제조사와 임의조사로 구분할 수 있다. 강제조사는 조사대상자의 의사와는 무관하게 행정기관의 일방적인 명령이나 강제를 수단으로 행하여지는 조사이고, 임의조사는 조사대상자의 자발성을 특징으로 한다. 강제조사와 임의조사는 권력적 조사와 비권력적 조사로 구분하더라도 법적 근거가 필요한가라는 차원에서는 큰 차이는 없다. 그러나 강제조사의 경우에는 형사수사절차와 중복의 문제가 있어 헌법상 수사절차나 형사사법절차에서 요구되는 절차적 권리를 보장할 것인가의 문제와 밀접한 관련이 있다.

한편, 강제조사와 임의조사의 중간에 제3의 유형을 설정할 필요가 있다. 다시 말해 임의조사이지만 간접강제적 성격을 띠는 준강제조사 내지 간접강제조사라는 범주가 바로 그것이다. 가령 「독점규제 및 공정거래에 관한 법률」 제69조의2 제1항 제5호 내지 제8호[26]의 경우처

---

26 「독점규제 및 공정거래에 관한 법률」 제69조의2(과태료) ① 사업자 또는 사업자단체가 제1호 내지 제6호 및 제8호에 해당하는 경우에는 1억원 이하, 제7호에 해당하는 경우에는 2억원 이하, 회사 또는 사업자단체의 임원 또는 종업원 기타 이해관계인이 제1호 내지 제6호 및 제8호에 해당하는 경우에는 1천만원 이하, 제7호에 해당하는 경우에는 5천만원 이하의 과태료에 처한다
1. ~ 4. <생략>
5. 제50조(위반행위의 조사등) 제1항 제1호의 규정에 위반하여 정당한 사유 없이 출석을 하지 아니한 자
6. 제50조(위반행위의 조사등) 제1항 제3호 또는 제3항의 규정에 의한 보고 또는 필요한 자료나 물건의 제출을 하지 아니하거나, 허위의 보고 또는 자료나 물건을 제출한 자
7. 제50조 제2항에 따른 조사 시 자료의 은닉·폐기, 접근거부 또는 위조·변조 등을 통하여 조사를 거부·방해 또는 기피한 자
8. 제50조(위반행위의 조사등) 제5항의 규정에 의한 금융거래정보의 제출을

럼 조사를 거부하거나 방해하는 행위에 대하여 과태료를 부과하는 경
우에는 이를 임의조사로 보기보다는 강제조사에 준하여 다루는 것이
바람직하다고 볼 것이다.

나. 권력적 조사와 비권력적 조사

행정조사에 있어서 물리력의 행사인지 여부에 따라 권력적 조사
와 비권력적 조사로 구분이 가능하다. 실력행사를 수반하는 조사를 권
력적 조사로, 실력행사 이외의 수단에 의한 조사를 비권력조사로 구분
할 수 있다. 권력적 행정조사의 예로는 신체의 조사, 물건의 검사·수
거, 가택수색을 들 수 있고, 비권력적 행정조사의 예로는 인구조사, 고
용실태 조사 등을 들 수 있다.[27] 그런데 일부 견해[28]에 따라 임의성에
기초한 조사를 비권력적 조사로, 당사자의 임의성에 기하지 않는 조사
를 권력적 조사로 보게 되면 임의조사와 비권력적 조사가 겹치게 되는
문제가 있다.

다. 대인적, 대물적, 대가택 조사

행정조사는 그 대상을 기준으로 하여 ① 대인적 조사, ② 대물적
조사, ③ 대가택 조사로 구분할 수 있다. 질문, 불심검문, 장부·서류
등의 제출명령과 같이 사람에 대한 조사가 대인적 조사이고 장부·서
류의 열람, 물건의 검사·수거 등 물건에 대한 조사가 대물적 조사라면
주거 및 영업소에의 출입·검사 등 대가택 조사는 현장조사와 같은 조
사방식을 말한다.[29]

라. 법령에 근거를 둔 조사와 법령의 근거가 없는 조사

법률, 대통령령, 부령 등에 근거를 둔 행정조사와 이와 같은 법령

거부한 자
27 이호용, 앞의 책, 279면.
28 오준근, "행정조사제도의 법리적 논의·입법동향의 평가와 개선방향에 관한
    연구", 「토지공법연구」 제45집, 2009, 364면.
29 김철용, 『행정법』, 고시계사, 2016, 264면.

의 근거가 없는 행정조사로 구분할 수 있다. 침익적 내용의 행정조사의 경우에는 법령의 근거가 필요하고 적어도 법률이나 법률의 위임에 따른 법적 근거가 있어야 한다.

법령의 근거가 없는 행정조사는 적어도 임의적인 조사나 비권력적 조사의 경우에만 허용이 된다. 행정조사 그 자체는 임의적이며 비권력적이라도 이러한 조사를 통해 확보한 위법사실을 형사절차에 원용하기 위해서는 법령의 근거가 있어야 한다.

마. 조사주체, 조사방법 및 형식에 따른 구분

조사주체에 따른 구분으로는 국가행정기관의 행정조사, 지방자치단체의 행정조사, 공공단체에 의한 행정조사, 공무수탁 사인에 의한 행정조사 등으로 구분이 가능하다.[30]

조사방법 및 형식에 따라 ① 직접조사와 간접조사, ② 조사범위와 목적에 따른 구분방법인 특정의 구체적인 사안과 관련하여 행하여지는 개별조사와 행정정책수립의 목적을 위한 국민 또는 주민 전체에 대한 일반적 조사로 구분할 수 있다. 또한 ③ 구두에 의한 조사와 문서에 의한 조사, ④ 정기조사와 수시조사 등으로 구분할 수 있다.

바. 조사목적에 따른 유형 구분

일부견해는 행정조사를 조사목적에 따라 다음과 같이 구분하고 있다. ① 행정계획의 수립이나 정책의 입안 등을 위한 조사로서 단순한 실태조사를 목적으로 하는 경우가 있다. 이 경우에는 임의조사가 일반적이다. ② 행정기관의 관리감독권한의 행사를 위한 경우로서 이 경우에는 특정인을 대상으로 이루어지게 되며 임의조사가 일반적이다. ③ 행정처분을 위한 사실확인을 목적으로 이루어지는 조사로 법령위반 여부에 대한 조사를 목적으로 하는 경우로 강제적인 조사가 일반적이다. ④ 세무조사의 경우처럼 행정처분을 위한 사실확인을 목적으로

---

30 자세한 사항은 윤혜선, 앞의 논문, 285~186면.

하는 경우로 임의조사가 원칙이고 강제조사는 보충적으로 활용된다.[31]

사. 순수한 행정조사와 사실상 수사로서의 조사

행정조사 중에는 순수한 행정조사와 사실상 수사로서의 조사인 법위반사실의 조사로 구분할 수 있다.

사실상 수사로서의 행정조사는 법위반사실의 조사 등이 이에 해당한다. 특히 행정조사 제도 가운데 「독점규제 및 공정거래에 관한 법률」(이하 '공정거래법'이라 한다) 제50조가 규정하고 있는 자료제출명령권, 사업장출입권, 금융정보요구권(통칭 계좌추적권)과 같은 제도들에 해당하는 '법위반사실의 조사'의 법치국가적 문제점에 대해서도 행정법 학계에서는 행정조사 일반에 관하여서 이를 주된 행정행위를 위한 보조수단 정도로 가볍게 다루는 경향이 있으나, '세무행정에 있어서의 행정조사'인 국세청의 '세무조사'가 어떤 면에서는 형벌보다 더 큰 사실상의 위하력을 지니고 있는 것을 감안하면, 국민의 기본권의 최대한 보장이라는 관점에서 이를 가볍게 볼 것은 아니다.

그런데 이들 조사와 수사는 명확하게 구별되기 어렵고 양자가 중첩되는 측면이 없지 않다. 일반적으로 행정조사는 행정목적 달성을 위한 부수적 작용으로 정의된다. 그런데 수사는 공소제기·유지를 위한 준비로서 범죄사실을 조사하고 범인과 증거를 발견·수집하는 수사기관의 활동이나 범죄혐의의 확인과 범인의 체포 및 증거수집을 위한 수사기관의 활동 등으로 정의되어 양자는 개념상 구분된다. 그러나 조사를 통하여 수사로 연결되는 경우에는 조사와 수사 간의 경계를 허물게 되므로 순수한 행정조사와는 거리가 멀어지게 된다. 특히 법위반사실의 조사는 행정조사의 외관을 갖고 있지만 실질에 있어서는 수사와 마찬가지의 기능을 하고 있다.

---

31 오준근, "행정조사의 공법이론적 재검토", 「공법연구」 제31집 제3호, 2003. 3, 537면 이하 참조; 윤혜선, 앞의 논문, 187면.

특히 행정조사의 하나의 형태로 법위반사실의 조사를 포함시키고 있으면서도 이를 형사절차적 관점에서 검토하고 있지 않은 태도는 매우 위험한 것으로 보인다. 당해 금지행위의 예방, 관리의 측면은 행정법적 성격을 가질 수 있지만, 행정의 실효성 확보수단으로서 법제화되어 있는 행정형벌을 염두에 둔다면 법위반사실의 조사는 일반적인 행정조사라고 하기보다는 사후적인 형사처벌을 위한 사법행정작용으로서 실질에 있어 수사에 해당한다고 보아 형사소송법상의 절차를 준수할 필요가 있다.

아. 소 결

조사의 형태와 관련하여 의미 있는 분류는 직접적인 조사나 조사의 대상에 따른 분류보다도 행정조사에 있어서는 법령의 근거가 필요한지 여부가 중요하다. 행정조사는 임의조사 내지 비권력적 조사를 원칙적인 형태로 하고, 권력적 조사나 강제조사를 보충적인 형태로 파악할 필요가 있다.

Ⅲ. 행정조사의 헌법적 논의

1. 논의의 출발점

행정조사는 국민의 자유와 권리 내지 기본권을 침해할 가능성이 매우 높다. 특히 오늘날 정보화사회의 도래에 따라 행정조사를 토대로 개인의 정보의 수집이 가능하게 되어 개인의 프라이버시권을 침해할 가능성이 높을 뿐만 아니라 행정조사는 헌법상 행복추구권, 영업의 자유 및 기업활동의 자유, 사유재산권, 평등권을 침해할 가능성이 높다.[32] 아울러 행정조사의 내용으로서 사업장 출입검사 등의 방법에 있

---

32 김영조, "행정조사기본법의 문제점과 개선방안", 「공법학연구」 제8권 제3호, 2007, 89면.

어서의 신체의 차유, 주거의 자유와 같은 지극히 근대적이고 기본적인 기본권 보장의 관점에서도 아직 해명되어야 할 부분이 적지 않은 것으로 보인다. 행정조사에 대하여 규율하고 있는 법률에서는 일반적으로 관계공무원이 그 권한을 표시하는 증표를 휴대·제시하여야 한다고 규정하고 있는바, 이와 같은 증표제시 의무만으로 행정조사의 절차적 요건을 충족하는 것으로 볼 것은 아니고, 수사절차로 예견되는 경우에는 미리 변호인의 조력을 받을 권리나 진술거부권을 인정하는 방향으로의 입법적 해결이 필요하다.

이하에서는 행정조사의 헌법적 논의와 관련하여 적법절차가 행정조사에도 적용되는지 여부, 영장주의의 적용 여부, 진술거부권의 고지 의무 등에 대하여 고찰하기로 한다.

2. 행정조사에 있어 적법절차의 조항 적용 여부

행정조사에 있어 헌법상의 적법절차조항의 적용 여부와 관련하여 논란이 제기된다. 행정조사 전반에 적법절차원칙이 적용된다고 보는 긍정설, 그 적용이 없다고 보는 부정설이 있을 수 있으나, 여기서는 절충적 관점에서 그 타당성을 논하는 것이 타당하다고 본다. 헌법재판소는 헌법 제12조의 적법절차조항을 신체의 자유에 국한시켜 판단하지 않고 그와 같은 규정양식이나 위치에 관계없이 신체의 자유뿐만 아니라 모든 기본권에 적용하였고, 형사절차를 포함하여 입법작용과 행정 작용 등 모든 국가의 공권력 작용에까지 적용범위를 확장하면서 모든 국가작용을 지배하는 헌법의 독자적인 기본원리로 보았다.[33]

헌재 1992. 12. 24. 92헌가8 결정에서 "헌법 제12조 제3항 본문은 동조 제1항과 함께 적법절차원리의 일반조항에 해당하는 것으로서, 형

---

33 정영철, "행정법의 일반원칙으로서의 적법절차원칙", 「공법연구」 제42집 제1호, 2013, 592면.

사절차상의 영역에 한정되지 않고 입법, 행정 등 국가의 모든 공권력의 작용에는 절차상의 적법성뿐만 아니라 법률의 구체적 내용도 합리성과 정당성을 갖춘 실체적인 적법성이 있어야 한다는 적법절차의 원칙을 헌법의 기본원리로 명시하고 있는 것이므로 헌법 제12조 제3항에 규정된 영장주의는 구속의 개시시점에 한하지 않고 구속영장의 효력을 계속 유지할 것인지 아니면 취소 또는 실효시킬 것인지의 여부도 사법권독립의 원칙에 의하여 신분이 보장되고 있는 법관의 판단에 의하여 결정되어야 한다는 것을 의미하고, 따라서 형사소송법 제331조 단서 규정과 같이 구속영장의 실효 여부를 검사의 의견에 좌우되도록 하는 것은 헌법상의 적법절차의 원칙에 위배된다."고 판시한 바 있다.

이처럼 적법절차조항은 일반적으로 형사절차상의 영역에 한정되지 않고 행정조사에 있어서도 그 적용이 있으나, 구체적으로 행정조사에 적법절차조항이 적용될 것인지 여부는 어떤 내용의 행정조사인가 여부와 관련하여 차별적으로 고찰하는 것이 필요하다고 본다.

3. 영장주의의 적용 가능성

가. 현행법상 행정조사에 영장주의를 명문화한 경우

현행법이 개별 법률에서 영장주의를 명문화하고 있는 경우로는 관세법 제296조,[34] 「조세범 처벌절차법」 제9조,[35] 「자본시장과 금융투

---

34 관세법 제296조(수색·압수영장) ① 이 법에 따라 수색·압수를 할 때에는 관할 지방법원 판사의 영장을 받아야 한다. 다만, 긴급한 경우에는 사후에 영장을 발급받아야 한다.
② 소유자·점유자 또는 보관자가 임의로 제출한 물품이나 남겨 둔 물품은 영장 없이 압수할 수 있다.
35 「조세범 처벌절차법」 제9조(압수·수색영장) ① 세무공무원이 제8조에 따라 압수 또는 수색을 할 때에는 근무지 관할 검사에게 신청하여 검사의 청구를 받은 관할 지방법원판사가 발부한 압수·수색영장이 있어야 한다. 다만, 다음 각 호의 어느 하나에 해당하는 경우에는 해당 조세범칙행위 혐의자 및 그 밖에 대통령령으로 정하는 자에게 그 사유를 알리고 영장 없이 압수 또는 수색할 수 있다.

자업에 관한 법률」 제427조³⁶ 등이 있다.

이와 같이 개별 법률에 명문의 규정을 두고 있는 경우에는 행정조사에 있어 영장주의의 적용 여부는 법률의 규정에 따라야 하며 특별히 문제될 것이 없다.

나. 개별 법률에 명문의 규정을 두고 있지 않은 경우, 행정조사에 영장주의의 적용 여부

행정조사 중 임의조사가 아닌 강제조사나 권력적 작용을 내포하고

---

1. 조세범칙행위가 진행 중인 경우
2. 조세범칙행위 혐의자가 도주하거나 증거를 인멸할 우려가 있어 압수·수색영장을 발부받을 시간적 여유가 없는 경우
② 제1항 단서에 따라 영장 없이 압수 또는 수색한 경우에는 압수 또는 수색한 때부터 48시간 이내에 관할 지방법원판사에게 압수·수색영장을 청구하여야 한다.
③ 세무공무원은 압수·수색영장을 발부받지 못한 경우에는 즉시 압수한 물건을 압수당한 자에게 반환하여야 한다.
④ 세무공무원은 압수한 물건의 운반 또는 보관이 곤란한 경우에는 압수한 물건을 소유자, 소지자 또는 관공서(이하 '소유자등'이라 한다)로 하여금 보관하게 할 수 있다. 이 경우 소유자등으로부터 보관증을 받고 봉인(封印)이나 그 밖의 방법으로 압수한 물건임을 명백히 하여야 한다.
36 「자본시장과 금융투자업에 관한 법률」 제427조(불공정거래 조사를 위한 압수·수색) ① 증권선물위원회는 제172조부터 제174조까지, 제176조, 제178조, 제178조의2, 제180조부터 제180조의3까지의 규정을 위반한 행위(이하 이 조에서 '위반행위'라 한다)를 조사하기 위하여 필요하다고 인정되는 경우에는 금융위원회 소속공무원 중 대통령령으로 정하는 자(이하 이 조에서 '조사공무원'이라 한다)에게 위반행위의 혐의가 있는 자를 심문하거나 물건을 압수 또는 사업장 등을 수색하게 할 수 있다. [개정 2008. 2. 29 제8863호(금융위원회의 설치 등에 관한 법률), 2016. 3. 29] [시행일 2016. 6. 30]
② 조사공무원이 위반행위를 조사하기 위하여 압수 또는 수색을 하는 경우에는 검사의 청구에 의하여 법관이 발부한 압수·수색영장이 있어야 한다.
③ 조사공무원이 제1항에 따라 심문·압수·수색을 하는 경우에는 그 권한을 표시하는 증표를 지니고 이를 관계자에게 내보여야 한다.
④ 형사소송법 중 압수·수색과 압수·수색영장의 집행 및 압수물 환부(還付) 등에 관한 규정은 이 법에 규정된 압수·수색과 압수·수색영장에 관하여 준용한다.

있는 조사에 있어 국민의 기본권의 침해 여부가 문제된다. 특히 직접조사는 개인의 신체나 거주의 자유 또는 재산권 등에 대한 중대한 제한을 수반한다. 그러나 기본권의 보호는 헌법의 규정에 의한 실체적인 보장만으로서는 이룩될 수 없는 것이며, 절차적 보장을 필요로 하는 것이다.

여기에 문제가 되는 것은 이러한 영장주의가 행정조사에도 그대로 타당한가의 여부이다. 헌법상의 영장제도는 본래 형사사법권의 남용을 방지하기 위한 것으로 행정조사에는 그 적용이 없다는 견해가 있으며, 같은 맥락에서 행정조사는 직접적인 강제력을 갖는 압수·수색의 경우와는 달리 간접적 강제력을 갖는 데 불과하기 때문에 영장주의가 적용되지 않는다고 보는 견해[37]도 영장불요설의 입장이라고 할 수 있다.

행정조사 전반에 대하여 영장이 필요하다는 극단적인 주장은 타당성이 없다고 본다. 그러나, 행정조사의 범주에서 논의되는 유형 중에서 '법위반사실의 조사'는 사실상 '수사'작용에 해당하는 것임에도 이를 영장주의의 예외로 파악하고 있는 것이 과연 타당한 것인지를 검토할 필요가 있다. 주거에 대한 출입은 원칙적으로 당사자의 동의가 없는 경우에는 허용되지 않는 것이며, 압수·수색영장이라는 특별한 절차를 통하여서만 예외적으로 허용되는 것인데, 대부분의 행정조사의 근거 법령에서는 주거, 사업장에 대한 사실상의 강제적 출입을 규정하면서도 헌법과 법률이 정한 영장주의를 취하고 있지 않다고 하는 점이 일차적으로 문제가 된다.

이처럼 형사사법작용과 행정조사 중 사실상의 수사에 해당하거나 형사절차로 이행되는 행정조사의 경우에는 국민의 기본권보장의 차원에서 영장주의가 적용되도록 법제화하는 것이 필요하다고 볼 것이다. 이 문제는 해석론의 차원이 아니라 입법론의 차원에서 논의의 필요성이 있다고 할 것이다. 같은 맥락에서 현장조사에 있어 법관이 발부한

| 37 박정훈, 『행정법의 체계와 방법론』, 박영사, 2005, 410면.

영장이 필요한가의 문제와 관련하여 현장조사에 있어서의 증표제시 의무를 개별 법률이나 행정조사기본법에 명문으로 규정되었다고 하여 이로써 사실상 수사로서 기능하는 행정조사에 있어서 영장주의를 법제화하는 것이 불가능한 것은 아니라고 할 것이다.

다. 판례의 태도

대법원 2013. 9. 26. 선고 2013도7718 판결에서 관세법상 우편물 통관검사는 강제처분이 아니고 행정조사적 성격을 지니므로 영장이 필요하지 않다고 판시하고 있다. "우편물 통관검사절차에서 이루어지는 우편물의 개봉, 시료채취, 성분분석 등의 검사는 수출입물품에 대한 적정한 통관 등을 목적으로 한 행정조사의 성격을 가지는 것으로서 수사기관의 강제처분이라고 할 수는 없으므로, 압수·수색영장 없이 우편물의 개봉, 시료채취, 성분분석 등 검사가 진행되었다 하더라도 특별한 사정이 없는 한 위법하다고 볼 수 없다."고 판시하였다.

라. 검 토

그러나 대법원의 입장처럼 행정조사라는 이름으로 압수·수색영장을 발부받지 않고 우편물 등을 개봉한 경우에는 사전영장은 물론 사후영장에 의한 통제조차 받지 않게 되어 국민의 기본권을 침해할 소지가 높아지게 된다.[38] 문제는 헌법상의 영장제도는 위에서 본 바와 같이 국민의 기본권보장을 그 주지로 함이 명백하다고 할 때, 기본권과의 관계에서 형사사법절차로서의 수색 등과 행정조사로서의 그것이 어떠한 차이를 내포하고 있는가에 있다. 이들 양자는 각기의 직접목적의 점에서는 구별될 수 있는 것이나, 개인의 신체·재산 등에 대한 실력의 행사라는 점, 즉 행위의 면에서는 아무런 다름이 없다. 또한 현실적으로는 행정조사의 결과 수집된 자료나 정보가 형사사법적인 목적을 위하여 사용되는 경우가 적지 않을 뿐만 아니라, 하나의 작용이 동시에

---

38 송진경, 앞의 논문(각주 20), 131면.

행정조사 및 형사사법의 양 목적을 위하여 행하여지는 경우도 적지 않다는 점을 부인할 수 없다. 이와 같이 볼 때, 만일 헌법의 엄격한 문리해석에 입각하여 영장의 요구는 오직 형사사법절차에 한하는 것이라고 한다면 그의 목적은 영장 없이 행정조사의 방식에 의하여 우회적으로 달성될 수 있을 것이며, 결국 헌법의 규정은 실질적으로 사문화하고 마는 결과가 될 것이다.

이러한 관점에서 헌법상의 영장제도는 행정조사 전 분야에 그대로 적용하는 것은 무리라고 할지라도 사실상 수사 내지 법위반사실의 조사의 경우에는 원칙적으로 타당한 것이라고 보아야 할 것이다. 결국 영장제도는 행정조사의 신속성의 요구를 충족시킬 수 없는 측면이 없지 않으나, 행정조사의 필요성과 국민의 기본권의 보장이라는 양자의 이익을 적절히 조화할 필요가 있을 것이다.

4. 진술거부권의 인정 여부

가. 진술거부권의 헌법적 보장

헌법 제12조 제2항은 "모든 국민은 고문을 받지 아니하며, 형사상 자기에게 불리한 진술을 강요당하지 아니한다."고 규정하여 형사책임에 관하여 자신에게 불이익한 진술을 강요당하지 아니할 것을 국민의 기본권으로 보장하고 있다.

우리 헌법이 이와 같이 진술거부권을 국민의 기본적 권리로 보장하는 목적은 첫째로, 피고인 또는 피의자의 인권을 실체적 진실발견이나 사회정의의 실현이라는 국가이익보다 우선적으로 보호함으로써 인간의 존엄성과 가치를 보장하고, 나아가 비인간적인 자백의 강요와 고문을 근절하려는 데 있다(헌재 1990. 8. 27. 89헌가118 참조).

둘째로, 피고인 또는 피의자와 검사 사이에 진술거부권을 인정함으로써 무기평등(武器平等)을 도모하여 공정한 재판의 이념을 실현하려는 데 있다.

이와 같은 의미를 지닌 진술거부권은 현재 피의자나 피고인으로서 수사 또는 공판절차에 계속중인 자뿐만 아니라 장차 피의자나 피고인이 될 자에게도 보장되며, 형사절차뿐 아니라 행정절차나 국회에서의 조사절차 등에서도 보장된다. 또한 진술거부권은 고문 등 폭행에 의한 강요는 물론 법률로써도 진술을 강요당하지 아니함을 의미한다 (헌재 1997. 3. 27. 96헌가11).

나. 행정조사에 있어 진술거부권의 인정 여부

행정조사에 있어서 진술거부권의 인정여부와 관련하여 당사자에 대하여 일정한 보고·신고의무, 나아가 업무상 일정한 장부기재의무를 두고 있고 별도의 진술거부권의 고지의무에 관한 규정을 두고 있지 않은 부분과 행정조사의 일환으로 행하여지는 자료제출명령, 출석요구와 이를 통한 진술 강제가 진술거부권에 관한 헌법 제12조 제2항 후단 위반은 아닌가 하는 문제가 제기된다.

행정조사에 진술거부권이 적용될 것인가와 관련하여 행정조사 중 일반적인 질문의 경우에는 진술거부권이 적용되지 않지만, 질문이 행정조사와 형사책임추급의 양 목적으로 행사되는 경우에는 진술거부권이 적용된다고 보는 것이 타당하다.[39]

이과 관련하여 대법원 2014. 1. 16. 선고 2013도5441 판결에서 "헌법 제12조는 제1항에서 적법절차의 원칙을 선언하고, 제2항에서 '모든 국민은 고문을 받지 아니하며, 형사상 자기에게 불리한 진술을 강요당하지 아니한다.'고 규정하여 진술거부권을 국민의 기본적 권리로 보장하고 있다. 이는 형사책임과 관련하여 비인간적인 자백의 강요와 고문을 근절하고 인간의 존엄성과 가치를 보장하려는 데에 그 취지가 있다. 그

---

39 김재광, "행정조사기본법 입법과정에 관한 고찰", 「법학논총」 제33권 제2호, 2009, 507면.

러나 진술거부권이 보장되는 절차에서 진술거부권을 고지받을 권리가 헌법 제12조 제2항에 의하여 바로 도출된다고 할 수는 없고, 이를 인정하기 위해서는 입법적 뒷받침이 필요하다."고 판시하여 헌법 제12조에서 진술거부권을 국민의 기본적 권리로 보장하고 있는 취지를 밝히는 한편, 진술거부권이 보장되는 절차에서 진술거부권을 고지받을 권리가 헌법 제12조 제2항에 의하여 바로 도출되지는 않는다고 보았다.

또한 행정기관의 직접조사가 아니라 당사자인 사인에게 보고의무, 신고의무, 자료제출의무를 부과하고 있는 경우에 이를 거부하는 행위를 벌하고 있는 것은 헌법이 보장하고 있는 '진술거부권'에 위반되는 입법이 아닌가 하는 문제도 쟁점이 될 것이다.

다. 진술거부권의 대상이 되는 진술

헌법 제12조 제2항 후단에 따라 모든 국민은 형사상 자기에게 불리한 진술을 강요당하지 아니하므로 피고인 또는 피의자가 당연히 공판절차나 수사절차에서 법원 또는 수사기관의 신문에 대하여 진술을 거부할 수 있는 권리를 가진다. 이는 무기평등의 원칙을 실질적으로 실현하고 피의자와 피고인의 기본적 인권을 보장하기 위해 인정된 것으로 피의자나 피고인은 형사소송법 제244조의3 및 제283조의2 에 따라 이를 고지받을 권리도 있다.[40] 진술거부권의 대상이 되는 진술은 형사절차에서 행하여진 진술뿐만 아니라 행정절차나 국회에서의 조사절차에서 행하여진 진술도 포함된다. 헌재 1997. 3. 27. 96헌가11 결정에서 "헌법 제12조 제2항은 진술거부권을 보장하고 있으나, 여기서 '진술'이라 함은 생각이나 지식, 경험사실을 정신작용의 일환인 언어를 통하여 표출하는 것을 의미하는 데 반해, 도로교통법 제41조 제2항에 규정된 음주측정은 호흡측정기에 입을 대고 호흡을 불어 넣음으로써

---

40 정한중, "행정조사와 진술거부권 고지의무 — 대법원 2014. 1. 16. 선고 2013
　도5441 판결", 「외법논집」 제38권 제2호, 2014, 55면.

신체의 물리적, 사실적 상태를 그대로 드러내는 행위에 불과하므로 이를 두고 '진술'이라 할 수 없고, 따라서 주취운전의 혐의자에게 호흡측정기에 의한 주취여부의 측정에 응할 것을 요구하고 이에 불응할 경우 처벌한다고 하여도 이는 형사상 불리한 '진술'을 강요하는 것에 해당한다고 할 수 없으므로 헌법 제12조 제2항의 진술거부권조항에 위배되지 아니한다."고 판시하고 있다.

5. 변호사의 조력권

공직선거법에서 진술거부권과 변호인의 조력을 받을 권리를 명문화하고 있으며, 세무조사에 관하여는 국세기본법 제81조의5[41]에 변호사 등 전문가의 조력을 받을 권리에 관한 명문의 규정을 두고 있지만, 그 밖의 개별 법률에서는 행정조사 절차라는 이유만으로 변호인의 조력권에 관한 명문의 규정을 두고 있지 않다.

따라서 행정조사기본법을 비롯하여 「독점규제 및 공정거래에 관한 법률」 등 행정조사를 규율하고 있는 개별 법률에 국민의 기본권 침해의 정도가 크고 형사수사절차에 비견되는 영역에 있어서는 선제적인 방어권보장을 위해 조사단계에서부터 변호사의 조력을 받을 권리를 명문화할 필요가 있다.

Ⅳ. 행정조사의 법적 성질, 법적 근거 및 법적 한계

1. 법적 성질

행정조사의 법적 성질에 관하여 종래에는 사실행위로 파악하여

---

41 국세기본법 제81조의5(세무조사 시 조력을 받을 권리) 납세자는 세무조사를 받는 경우에 변호사, 공인회계사, 세무사로 하여금 조사에 참여하게 하거나 의견을 진술할 수 있다.

설명하는 입장이 통설적인 입장이었으나, 최근에는 행정조사의 유형에 따라 사실행위로 보거나 행정행위로 보는 견해가 유력하다.

행정조사를 보고서 요구명령, 장부서류 제출명령, 출두명령 등 행정행위의 형식을 취하는 것과 질문, 출입검사, 실시조사, 진찰, 검진, 앙케트 조사 등 사실행위의 형식을 취하는 것으로 구분하기도 한다.[42]

이와 같은 법적 성질의 규명은 우선 행정절차법의 적용과 관련하여 기본적인 차이가 있다. 행정행위의 성질을 지니는 행정조사의 경우에는 행정절차법이 적용되므로 절차적 통제가 어느 정도 확보되고 사후적 통제에 있어서도 처분성이 인정되므로 항고소송을 통하여 권리구제가 가능한 반면에 사실행위인 경우에는 행정절차법의 적용이 어려울 뿐만 아니라 사후적으로도 항고소송의 대상인 처분성이 인정되지 않을 가능성이 높기 때문에 위법한 행정조사가 행하여지더라도 위법의 시정을 구하기보다는 손해배상청구를 통해서 간접적인 권리구제만 가능하게 되는 문제가 있다.

2. 법적 근거

가. 개별법상 근거

일반적으로 행정조사의 실정법적 근거의 예로서 제시하는 통계법 제26조, 식품위생법 제22조의 경우는 직접 범죄 혹은 범칙행위와의 관련을 맺고 있지 않은 일상적인 행정조사를 의미한다고 할 수 있다. 그러나,「경찰관 직무집행법」제3조,「풍속영업의 규제에 관한 법률」제9조,「총포·도검·화약류 등의 안전관리에 관한 법률」제44조, 국세징수법 제25조 내지 제27조,「독점규제 및 공정거래에 관한 법률」제49조 제1

---

42 박균성,『행정법강의』, 박영사, 2016, 365면; 김영조, "행정조사에 관한 연구 ― 특히 세무조사의 법적 문제를 중심으로 ―", 경희대학교 대학원 법학 박사학위논문, 1998, 17~18면.

항, 제50조 제5항의 경우에는 이미 실정법상으로도 일상적인 행정조사로 파악할 수 있는 범위를 넘어서 광범위한 수권이 행하여지고 있다.

개별법령에 규정된 행정조사방법으로는 불심검문이나 신체수색, 참고인·감정인 등에 대한 질문 등 대인적 조사방법, 문서·장부·물건 등 증거자료의 수집 등 대물적 방법, 대가택조사 등이 있다. 개인의 신체나 재산에 물리력을 행사하는 강제적 조사와 벌금이나 과태료 등 심리적 강제수단에 의존하는 간접강제조사의 방법도 있다. 아울러 비권력적인 정보탐문과 인터넷검색 등도 있다.

나. 법률의 근거 요부

행정조사에 있어서 법률의 근거가 필요한가의 문제는 우선 조직법적 근거를 넘어서서 작용법적인 근거를 갖추어야 하는가의 문제라고 할 것이다. 적어도 조직법적인 근거는 권력적 행정조사의 경우이건 비권력적 행정조사이건 구비해야 한다.

일반적으로 행정조사의 필요성을 권력적 행정조사와 비권력적 행정조사로 나누어 검토한다. 모든 권력적 행정조사의 경우 이에 대한 법적 근거의 필요성을 인정한다. 비권력적 행정조사의 경우에는 상대방의 순수한 임의적 협력의 범위에 국한되는 행정조사이므로 "동의는 불법을 조각한다(volenti non fit iniuria)"는 법원칙에 따라 동의가 있는 경우에는 법적 근거가 없어도 된다.

이와 관련하여 법적 근거의 필요성이 인정되는 강제조사에 대한 법적 근거의 설정은 조직법적 근거에 의한 포괄적인 근거설정만으로는 부족하고 구체적인 작용법적 근거가 추가로 필요하다고 본다. 이에 반해 소수설은 강제조사뿐만 아니라 임의조사의 경우에도 행정기관이 국민의 자유와 권리에 본질적인 영향을 미칠 수 있는 조사작용의 경우 구체적인 작용법적 근거가 추가적으로 필요하다고 설명한다.

생각건대, 권력적 행정조사의 경우 법률유보의 필요성은 당연히 인정되는 것이며, 상대방이 임의적으로 협력한다고 하더라도 자료제출 명령 등 행정행위에 의한 명령을 수단적 기초로 하는 경우에는 법적 근거가 있어야 하며, 사실행위 방식에 의한 행정조사의 경우에도 수색이나, 압수와 같이 강제적 수단을 사용하는 경우에는 법령의 근거가 요구된다. 그리고 비권력적 행정조사의 경우에도 당해 행정조사의 목적에 따라 단순한 실태조사만이 목적인 경우에는 법령의 근거의 필요성이 부인될 수도 있을 것이나, 그 이외의 경우로서 기본권 침해의 위험성이 있고 일종의 간접적 강제가 수반되는 경우에는 침해의 확장으로 파악될 수 있어 법률의 근거가 필요하고, 단지 비권력적인 조사라고 하여 법령의 근거가 없어도 되는 것은 아니다.[43] 특히 국민의 자유와 권리에 본질적인 영향을 미치게 되는 사항에 대한 법적 근거의 설정은 조직법적 근거만으로는 부족하고, 구체적인 작용법적 근거가 추가적으로 필요하다.[44]

　　법률의 근거유무와 관련하여 조사목적에 의한 행정조사의 구분 중 단순한 실태조사만을 목적으로 하는 경우에는 법률의 근거가 원칙적으로는 필요 없을 수 있다. 그러나 ① 행정기관의 관리감독 권한의 행사를 위한 경우, ② 법령위반 여부에 대한 조사를 목적으로 하는 경우 및 ③ 행정처분을 위한 사실확인을 목적으로 하는 경우 등의 세 가지 경우에는 행정조사가 국민에 대하여 가지는 의미는 매우 본질적이며 중요하므로 법률의 근거가 필요하다고 본다.

---

43 김용섭, "법치행정원리에 대한 재검토", 「경희법학」 제33권 제1호, 1998, 217면.
44 이러한 작용법적 근거로서는 행정조사에 관한 근거조항만으로는 부족하고, 개별 법률이나 행정조사기본법에서 ① 행정조사의 목적에 대한 구체적인 제시, ② 행정조사의 대상의 확정, ③ 행정조사의 수단에 대한 개별적·구체적 제시, ④ 행정조사의 방식에 대한 구체적 제시, ⑤ 행정조사의 절차에 대한 구체적 제시, ⑥ 행정조사를 상대방이 거부하는 경우 강제수단의 필요성 및 그 구체적인 수단 등이 명시되는 것이 바람직하다.

법령위반 여부에 대한 조사를 목적으로 하는 경우로서 수사절차로 이행되는 경우에는 법적 근거만으로 행정조사활동의 정당화 근거를 광범위하게 인정할 것이 아니라 입법적으로 조사활동에 임하기에 앞서 변호인의 조력권이나 전체적으로 수사절차로 이행될 수 있다는 점을 밝혀야 한다.

3. 법적 한계

가. 실체법적 한계

행정조사의 한계에 관하여 이론적으로 논의되는 내용은 실체법적 한계와 절차법적 한계이다.

우선 실체법적 한계로는 법률적합성의 원칙, 비례원칙 및 평등원칙, 부당결부금지의 원칙, 목적외 사용금지의 원칙 등을 들 수 있다.

(1) 법률적합성의 원칙

법치행정의 원칙에 따라 행정조사활동에 있어 법률의 근거를 요하는 법률유보와 법적 한계의 문제인 법률우위를 준수하여야 한다. 법률우위는 모든 행정활동에 요구되는 원칙이므로 행정조사라고 해서 예외는 아니다. 따라서 행정조사는 법령의 규정에 위반되어서는 안 된다. 아울러, 행정활동을 함에 있어 법률의 근거를 필요로 하는가 여부가 법률유보의 문제인데, 행정조사의 경우에도 법률의 근거가 필요한가의 문제와 관련하여서는 강제조사의 경우에는 법령 등에서 행정조사를 규정하고 있는 경우에 한하여 행정조사를 실시할 수 있다. 다만, 임의조사, 즉 조사대상자의 자발적인 협조를 얻어 실시하는 행정조사의 경우에는 법령의 근거 없이 할 수 있음을 규정하고 있다(행정조사기본법 제5조).

(2) 비례원칙

행정조사도 행정법상 일반원칙인 비례의 원칙과 평등의 원칙을 준수하여야 한다. 비례원칙이란 행정권이 행정활동함에 있어서 실현하고자 하는 목적과 수단 사이에 합리적 비례관계가 있을 것을 요하는 바, 이는 법치국가원리에서 파생된 원칙이다. 행정조사 절차에서 비례의 원칙을 위반하였다고 주장하는 경우 '적합성의 원칙, 최소침해의 원칙, 상당성의 원칙성'에 관한 세부적인 검토가 필요하다.

특히 비례원칙과 관련하여 행정조사기본법 제4조 제1항에서 "행정조사는 조사목적을 달성하는 데 필요한 최소한의 범위 안에서 실시되어야 하며, 다른 목적 등을 위하여 조사권을 남용하여서는 아니 된다."고 규정하고 있다.

(3) 평등원칙

평등원칙은 헌법 제11조로부터 도출되는 불문의 행정법상 일반원칙이다. 평등의 원칙은 합리적 이유 없이 차별하지 못하는 원칙으로, 행정조사와 관련하여 조사대상 선택의 공정성이 문제가 된다.[45] 특히 세무조사와 관련하여 객관적인 기준 없이 특정인을 지목하여 형평성에 어긋나는 행정조사를 하는 경우는 합리적 이유 없는 차별로 평등원칙에 반할 수 있다. 따라서 행정조사를 함에 있어 특정인을 지목하여 차별적 조사활동을 하여서는 아니 되고, 객관적으로 기준을 정하여 사전에 일련의 계획에 따라 행정조사가 행하여질 필요가 있다.

(4) 부당결부금지원칙

부당결부금지의 원칙이란 공권력을 행사함에 있어서 실질적인 관련성이 없는 상대방의 반대급부와 결부시켜서는 안 된다는 원칙을 말한다. 우리 실정법상 부당결부금지원칙을 직접적으로 명문화하고 있지 않기 때문에 학설과 판례를 통해 그 적용영역을 구체화해 나갈 수밖에

---

45 이재구, "행정조사과정에서 발생하는 문제점 및 개선방안에 관한 실무적 고찰 — 행정조사와 수사를 중심으로 —" 한양대학교 공공정책대학원 석사학위논문, 2015, 61면.

없다. 이론적으로 공법상 계약의 경우와 부관을 붙이는 경우뿐만 아니라 공급거부와 관허사업의 제한과 같은 새로운 의무이행확보수단에서 그 적용이 있다고 설명한다.[46]

부당결부금지의 원칙은 행정조사에 있어서 실질적 관련성이 없는 목적을 위해서 조사활동이 이루어져서는 안 되므로 그 원칙의 적용이 있게 된다. 한편 행정조사기본법 제4조 제2항에서 행정기관은 조사목적에 적합하도록 조사대상자를 선정하여 행정조사를 실시하여야 한다고 규정하고 있는바, 이와 같은 조항은 비례원칙의 한 내용인 목적부합성의 관점에서 다루기도 하지만, 이는 부당결부금지원칙과 관련이 있는 조항이라고 볼 수 있다.

(5) 조사목적외 사용금지의 원칙

행정조사기본법 제4조 제6항에 따라 행정기관은 행정조사를 통하여 알게된 정보를 다른 법률에 따라 내부에서 이용하거나 다른 기관에 제공하는 경우를 제외하고는 원래의 조사목적 이외의 용도로 이용하거나 타인에게 제공하여서는 안 된다. 특히 정치적 목적이나 범죄수사의 목적으로 행정조사가 활용되지 않도록 할 필요가 있다.

나. 절차법적 한계

절차법적 한계로는 ① 사전통지원칙, ② 현장조사를 할 경우 증표제시의무, ③ 강제조사와 영장주의, ④ 조사결과의 통보의무, ⑤ 기피신청권, ⑥ 비밀보장의무, ⑦ 중복조사금지 등이 문제되는바, 여기서는 증표제시의무와 중복조사금지원칙에 대하여 고찰하기로 한다.

개별 법률에 행정조사를 규정하면서 증표를 휴대하고 제시하도록 규정하는 경우가 많다. 이러한 증표의 제시에 의하여 당해 공무원은 행정조사를 할 수 있는 정당한 권한이 있다는 것을 입증하게 되며 이

---

46 김용섭, "부당결부금지의 원칙과 부관", 「행정판례연구」 제15권 제2호, 2010, 299면.

에 따라 상대방인 국민은 수인의무가 발생하는 것으로 보게 된다.[47] 그러나 여기서 간과해서 안 되는 것은 증표제시가 영장을 대신하는 의미가 있는 것은 아니며, 아울러 증표제시만으로 모든 행정조사가 광범위하게 허용되는 것은 아니라는 것이다. 오히려 증표제시보다 조사자의 권한의 범위를 증표에서 나타낼 수 있도록 제도화하는 것이 중요하다고 할 것이다.

아울러 행정조사기본법 제14조에서 명문화하고 있는 공동조사와 동법 제15조 제1항에서 규정하고 있는 중복조사금지의 원칙을 준수할 필요가 있다. 행정기관은 유사하거나 동일한 사안에 대하여는 공동조사 등을 실시함으로써 행정조사가 중복되지 않도록 하여야 한다.[48] 이처럼 공동조사는 불필요한 조사의 중복을 막는 데 기여하게 되며, 중복조사금지원칙 역시 동일한 사안에서 동일한 조사대상자에 대하여 여러 차례 조사하는 것을 억제하기 위한 것이다.

V. 행정조사와 권리구제

1. 행정조사와 행정쟁송

가. 행정조사의 처분성

위법한 행정조사 행위가 진행되고 있는 경우 조사행위 그 자체에 대해 취소소송을 제기할 수 있는가의 문제가 제기된다. 이에 대해서는 단순한 물리력행사로서 처분성을 인정할 수 없다는 견해도 있을 수 있으나, 행정조사를 사실행위로 본다면 권력적 사실행위로 파악하는 한 이론적으로는 항고소송을 제기할 수 있으며, 헌법소원을 아울러 제기

---

47 박균성, 『행정법강의』, 박영사, 2016, 369면.
48 대법원 2006. 6. 2. 선고 2004두12070 판결에서 중복조사금지에 반하는 세무조사에 기초한 과세처분이 하자가 있다고 판시하고 있다.

할 수 있다 할 것이다. 우리 행정소송법이 처분을 광의로 이해하고 있으므로 사실행위인 행정조사에 있어서 처분성을 인정할 수 있다는 입장도 있다.[49] 위법한 권력적 조사가 계속되고 있다면 그 행위를 중지시킬 필요성이 있으므로 처분성을 인정할 필요가 있다고 본다. 그러나 비권력 사실행위일 경우에는 행정쟁송뿐만 아니라 헌법소원이 허용되지 않는다. 다만, 행정조사 중에 행정행위로서의 성질을 갖는 경우에는 항고소송의 제기가 가능하다. 다만 행정조사의 집행행위가 종료된 경우에는 그 취소로써 회복되는 법률상 이익이 인정되기 어렵기 때문에 손해배상의 청구를 하는 데 그칠 수 있다. 한편, 위법한 행정조사가 예고된 경우 행정조사 그 자체에 대한 취소청구소송을 제기할 수 있는지 여부가 문제된다. 판례상 위와 같은 소송이 제기되어 재판의 대상이 된 경우는 드러나 있지 아니하다.[50] 이론상으로는 행정조사의 '처분성'을 인정함이 다수설이다. 행정조사가 서류제출명령 등과 같은 행정행위의 형식으로 이루어지는 경우 그 처분성이 인정된다. 현장조사가 예고된 경우 그 법적 성격이 기본적으로 사실행위라 판단되지만 이 경우 행정조사는 행정소송법 제2조가 규정하는 '처분'인 '행정청의 공권력 행사'에 해당하므로 '취소'를 청구할 수 있을 것이라 생각된다. 보다 근본적으로는 무명항고소송인 예방적 금지청구소송을 제기하는 방법이 있으나 현행 행정소송법상 이를 허용하지 않고 있다.

　한편 세무조사와 관련하여 처분성을 최초로 인정한 대법원 2011. 3. 10. 선고 2009두23617, 23624 판결에 의하면, "부과처분을 위한 과

---

49 행정상 사실행위에 대한 처분성에 관하여는 김용섭, "행정상 사실행위의 법적 문제", 「인권과 정의」 통권 208호, 2000, 148면 이하.
50 다만, 최근의 대법원 2014. 2. 13. 선고 2013두20899 판결에서 교도소장의 접견내용 녹음·녹화 및 접견시 교도관 참여대상자 지정행위에 대하여 이를 항고소송의 대상이 되는 처분이라고 판시하였다. 이는 권력적 사실행위에 대하여 항고소송의 대상성을 인정한 의미 있는 판결이라고 할 것이다.

세관청의 질문조사권이 행해지는 세무조사결정이 있는 경우 납세의무
자는 세무공무원의 과세자료 수집을 위한 질문에 대답하고 검사를 수
인하여야 할 법적 의무를 부담하게 되는 점, 세무조사는 기본적으로
적정하고 공평한 과세의 실현을 위하여 필요한 최소한의 범위 안에서
행하여져야 하고, 더욱이 동일한 세목 및 과세기간에 대한 재조사는
납세자의 영업의 자유 등 권익을 심각하게 침해할 뿐만 아니라 과세관
청에 의한 자의적인 세무조사의 위험마저 있으므로 조세공평의 원칙
에 현저히 반하는 예외적인 경우를 제외하고는 금지될 필요가 있는
점, 납세의무자로 하여금 개개의 과태료 처분에 대하여 불복하거나 조
사 종료 후의 과세처분에 대하여만 다툴 수 있도록 하는 것보다는 그
에 앞서 세무조사결정에 대하여 다툼으로써 분쟁을 조기에 근본적으
로 해결할 수 있는 점 등을 종합하면, 세무조사결정은 납세의무자의
권리·의무에 직접 영향을 미치는 공권력의 행사에 따른 행정작용으로
서 항고소송의 대상이 된다."고 판시한 바 있다.

나. 행정조사의 위법과 처분의 효력과의 관계

행정조사는 침익행정과 급부행정뿐만 아니라 인프라 행정 등 모
든 행정활동을 위해 사전 준비적 활동으로 이루어진다.

행정조사 그 자체를 위법하게 행한 경우에 이에 근거하여 내려진
처분이 위법하게 되는가의 문제는 행정조사가 처분인가와는 다른 차
원의 문제이다. 학설은 소극설과 적극설로 견해가 나뉘어진다. 판례
역시 상반된 입장을 보여주고 있다. 먼저 소극적인 입장의 판례로는
대법원 2013. 9. 26. 선고 2013도7718 판결을 들 수 있다. 동 판결에서
"관세법 제246조 제1항, 제2항, 제257조, '국제우편물 수입통관 사무처
리'(2011. 9. 30. 관세청고시 제2011－40호) 제1－2조 제2항, 제1－3조, 제
3－6조, 구 '수출입물품 등의 분석사무 처리에 관한 시행세칙'(2013. 1.
4. 관세청훈령 제1507호로 개정되기 전의 것) 등과 관세법이 관세의 부과·

징수와 아울러 수출입물품의 통관을 적정하게 함을 목적으로 한다는 점(관세법 제1조)에 비추어 보면, 우편물 통관검사절차에서 이루어지는 우편물의 개봉, 시료채취, 성분분석 등의 검사는 수출입물품에 대한 적정한 통관 등을 목적으로 한 행정조사의 성격을 가지는 것으로서 수사기관의 강제처분이라고 할 수 없으므로, 압수·수색영장 없이 우편물의 개봉, 시료채취, 성분분석 등 검사가 진행되었다 하더라도 특별한 사정이 없는 한 위법하다고 볼 수 없다."고 판시한 바 있다.

이에 반해 적극적인 입장의 판례로는 대법원 2014. 6. 26. 선고 2012두911 판결을 들 수 있다. 동 판결에서 "세무조사대상의 기준과 선정방식에 관한 구 국세기본법(2006. 12. 30. 법률 제8139호로 개정되기 전의 것, 이하 '구 국세기본법'이라 한다) 제81조의5가 도입된 배경과 취지, 구 국세기본법 제81조의5가 포함된 제7장의2에 관한 구 국세기본법과 개별 세법의 관계 등을 종합하여 보면, 구 국세기본법 제81조의5가 마련된 이후에는 개별 세법이 정한 질문·조사권은 구 국세기본법 제81조의5가 정한 요건과 한계 내에서만 허용된다. 또한 구 국세기본법 제81조의5가 정한 세무조사대상 선정사유가 없음에도 세무조사대상으로 선정하여 과세자료를 수집하고 그에 기하여 과세처분을 하는 것은 적법절차의 원칙을 어기고 구 국세기본법 제81조의5와 제81조의3 제1항을 위반한 것으로서 특별한 사정이 없는 한 과세처분은 위법하다."고 판시한 바 있다.

2. 조사거부에 대한 실력행사 및 위법한 조사로 확보한 자료의 증거 능력

가. 조사거부에 대한 실력행사의 가부

강제조사 중 조사상대방이 조사를 거부하는 경우에 벌칙을 가할 수 있는 규정을 두고 있으나, 이러한 규정을 두고 있지 않은 경우에는 직접 실력행사가 가능한지 논란이 제기된다. 이에 관하여는 기본적으로 긍정설[51]과 부정설[52]이 나뉘어지지만, 국민의 신체나 재산에 대한 실력행사에는 명문의 근거가 있어야 하므로 실력행사를 정당화할 수 있는 규정을 두고 있지 않다면 실력행사는 가능하지 않다고 본다.

　　한편, 처분의 요건사실의 정확성을 확보하기 위하여 행정조사가 필요하다고 해도 무제한으로 가능한 것은 아니다. 특히, 행정조사를 위하여 침해적 성격의 실력행사를 발해야 할 때, 당사자나 제3자가 협력을 거부한다면 조사를 위하여 실력행사를 발할 수 있는지가 문제된다. 조사거부에 대한 실력행사는 법적 근거가 있어야만 허용된다.

나. 위법한 조사활동으로 확보한 자료의 증거 능력

　　행정조사가 위법하게 이루어지고 나서 그 결과를 기초로 상대방에 대해 형사처분을 하거나 행정상 제재처분을 한 경우, 그 상대방이 위법수집증거배제를 주장하고 제재처분의 위법을 주장하면 법원은 선행하는 행정조사의 위법을 이유로 당해 형사처벌이나 행정상 제재처분의 위법성을 인정하여야 하는지 문제가 제기된다. 형사소송에서는 독수독과의 금지원칙에 의해 증거능력이 배제되지만, 행정소송에서는 일률적으로 그 배제를 긍정하거나 부정할 수는 없다는 견해도 있을 수 있다. 이러한 경우 증거배척이 긴장관계를 가져올 수 있다. 가령 위법하게 이루어진 행정조사가 추후 형사수사로 전환되더라도 증거사용금지(Beweisverwertungsverbot)원칙이 지켜진다면 법치국가에서 절차수행을 확실히 보장하고, 형벌을 집행하는 과정에서 국가로 하여금 헌법이나 개별법에 따른 한계를 지키도록 하게 된다. 다만, 이러한 증거사용금지는 법치국가를 위협하는 중대한 범죄행위를 막기 위하여 불가피

---

51 홍정선, 『행정법원론(상)』, 박영사, 2015, 356면.
52 김동희, 『행정법 Ⅰ』, 박영사, 2015, 504면; 박균성, 『행정법강의』, 박영사, 2016, 368~369면.

한 적극적인 형사법적 실현을 방해하게 된다.[53]

이와 관련하여, 대법원 2014. 1. 16. 선고 2013도5441 판결에서 "구 공직선거법(2013. 8. 13. 법률 제12111호로 개정되기 전의 것, 이하 같다)은 제272조의2에서 선거범죄 조사와 관련하여 선거관리위원회 위원·직원이 관계자에게 질문·조사를 할 수 있다고 규정하면서도 진술거부권의 고지에 관하여는 별도의 규정을 두지 않았고, 수사기관의 피의자에 대한 진술거부권 고지를 규정한 형사소송법 제244조의3 제1항이 구 공직선거법상 선거관리위원회 위원·직원의 조사절차에 당연히 유추적용된다고 볼 수도 없다. 한편 2013. 8. 13. 법률 제12111호로 개정된 공직선거법은 제272조의2 제7항을 신설하여 선거관리위원회의 조사절차에서 피조사자에게 진술거부권을 고지하도록 하는 규정을 마련하였으나, 그 부칙 제1조는 "이 법은 공포한 날부터 시행한다."고 규정하고 있어 그 시행 전에 이루어진 선거관리위원회의 조사절차에 대하여는 구 공직선거법이 적용된다. 결국 구 공직선거법 시행 당시 선거관리위원회 위원·직원이 선거범죄 조사와 관련하여 관계자에게 질문을 하면서 미리 진술거부권을 고지하지 않았다고 하여 단지 그러한 이유만으로 그 조사절차가 위법하다거나 그 과정에서 작성·수집된 선거관리위원회 문답서의 증거능력이 당연히 부정된다고 할 수는 없다."고 판시하여 피조사자에 대한 진술거부권 고지 규정이 신설되기 전의 구 공직선거법 시행 당시 선거관리위원회 위원·직원이 선거범죄 조사와 관련하여 관계자에게 질문을 하면서 미리 진술거부권을 고지하지 않은 경우, 조사절차가 위법하지 않고, 그 과정에서 작성·수집된 선거관리위원회 문답서는 형사사건에서 증거능력이 인정된다고 보았다.

다만, 공권력을 독점한 국가가 그 권력을 불법적으로 남용하여 수

---

53 Wolfgang Mitsch, "Strafprozessuale Beweisverbote im Spannungsfeld zwischen Jurisprudenz und realer Gefahr," NJW 32/2008, S. 2295.

집한 증거에 의해 제재처분을 하는 것에 대해 국민의 권리보호와 행정의 적법성보호를 목적으로 하는 행정소송에서 그것을 정당화해 줄 수는 없으므로 위법하게 수집한 증거에 근거하여 처분의 적법성을 정당화할 수는 없다고 본다. 다만, 행정조사 과정에서 행정청의 경미한 위법행위보다 보호해야 할 공익이 더 큰 경우에는 행정상 제재처분 자체를 위법하게 하지는 않는다고 본다.

3. 위법한 행정조사와 국가배상

위법한 행정조사로 인하여 피해를 입은 경우 국가배상을 청구할 수 있는가 여부와 관련하여, 국가배상법 제2조의 요건 충족여부를 구체적으로 적용하여야 할 것이다. 국가배상법상의 직무행위에는 행정행위의 성질을 갖는 행정조사는 물론 사실행위로서의 성질을 갖는 행정조사도 국가배상법상의 공무원의 직무상 행위임은 분명하다.[54] 다만 그 '위법성'뿐만 아니라 공무원의 '고의 또는 과실'을 입증하여야 행정상 손해배상책임을 지울 수 있다. 행정조사가 법률을 위반한 경우는 위법성 및 과실의 입증은 큰 문제가 되지 아니한다.

한편, 담당공무원이 행정결정을 하기에 앞서 법치국가적 차원에서 행정조사를 제대로 하여 사실관계를 명확히 인지하여야 하는데 공무원에게 요구되는 조사의무와 부수적인 의무를 위반한 경우에도 공무원의 과실로 보아 그 공무원이 소속한 국가 또는 지방자치단체에 대하여 국가배상을 청구할 수 있다.[55]

4. 적법한 행정조사와 손실보상

적법한 행정조사로 인하여 재산권에 특별한 희생이 발생한 경우

54 장은혜, "행정조사에 있어서의 권리구제에 관한 고찰", 아주대학교 대학원 법학석사학위논문, 2009, 127면.
55 Bettina Spilker, 「Behördliche Amtsermittlung」, Mohr Siebeck, 2015, S. 209 ff.

에는 당사자에게 손실보상청구가 인정된다. 다만, 당사자에게 손실보
상청구권이 인정되려면 법률이나 시행령에 손실보상에 관한 명문의
근거규정이 있어야 가능하다.

이와 관련하여 「행정조사기본법 시행령」에서는 시료채취와 관련
하여 손실보상에 관한 규정을 두고 있다. 즉, 행정조사기본법 제12조
(시료채취) 제1항에서 "조사원이 조사목적의 달성을 위하여 시료채취를
하는 경우에는 그 시료의 소유자 및 관리자의 정상적인 경제활동을 방
해하지 아니하는 범위 안에서 최소한도로 하여야 한다."고 규정하고
있고, 동조 제2항에서 "행정기관의 장은 제1항에 따른 시료채취로 조
사대상자에게 손실을 입힌 때에는 대통령령으로 정하는 절차와 방법
에 따라 그 손실을 보상하여야 한다."고 규정하고 있다. 행정조사기본
법 제12조 제2항의 위임에 따라 제정된 「행정조사기본법 시행령」 제7
조에서 상세한 보상규정을 두고 있다. 동조 제1항에서는 "행정기관의
장은 법 제12조 제1항에 따른 시료채취로 발생한 손실을 시료채취 당
시의 시장가격으로 보상하여야 하며, 시료를 채취할 때에 조사대상자
에게 손실보상 청구에 관한 정보를 알려 주어야 한다."고 규정하고 있
고, 동조 제2항에서는 "법 제12조 제2항에 따라 손실보상을 받으려는
조사대상자는 손실의 원인이 된 시료채취가 있었던 날부터 90일 이내
에 손실액과 그 명세 및 산출방법 및 손실에 관한 증명서류를 첨부하
여 별지 제10호서식의 손실보상청구서를 관계 행정기관의 장에게 제
출하여야 한다."고 규정하고 있다.[56]

56 「행정조사기본법 시행령」 제7조 제3항 내지 제5항은 다음과 같다.
　③ 행정기관의 장은 제2항에 따른 손실보상청구서를 받은 날부터 60일 이내
　에 청구인에게 손실보상금액을 결정하여 그 결정내용을 별지 제11호서식의
　손실보상 결정 통지서에 따라 청구인에게 통지하여야 한다. 다만, 그 기간 내
　에 손실보상금액을 결정·통지할 수 없는 부득이한 사유가 있는 때에는 그 사
　유를 통지하고 30일의 범위에서 그 기간을 연장할 수 있다.
　④ 청구인은 제3항에 따른 손실보상금액에 대하여 이의가 있는 경우에는 손

　개별법에 명문의 규정을 두고 있지 않더라도 행정조사기본법의
적용제외가 아닌 한 시료채취와 관련한 손실에 대하여는 보상청구가
가능하다고 볼 것이다.

실보상금액에 대한 통지를 받은 날부터 30일 이내에 행정기관의 장에게 이의
신청을 할 수 있다.
⑤ 행정기관의 장은 제4항에 따른 이의신청을 받으면 그 날부터 30일 이내에
손실보상금액의 증감 여부를 결정하고 지체 없이 그 결과를 이의신청을 한
청구인에게 통지하여야 한다. 다만, 부득이한 사유가 있는 경우에는 그 사유
를 통지하고 30일의 범위에서 그 기간을 연장할 수 있다.

行政調査의 司法的 統制方案 硏究

행정조사기본법상 행정조사의 문제점과 개선방안

I. 행정조사기본법의 제정배경

행정조사기본법이 2007년 5월 17일 법률 제8482호로 제정되기 전에 이미 개별 법률에서 행정조사에 관한 규율을 하고 있었다. 그러나 그동안 행정조사에 관하여 특히 기업 측으로부터 불만이 많아 규제완화 차원에서 행정조사기본법의 제정 필요성이 대두된 것이다. 즉, 먼저 그동안 중복조사가 이루어지고 조사가 너무 잦아 기업의 부담이 매우 크며, 행정조사에 적법절차의 원리가 잘 구현되지 않고 나아가 행정조사가 법령준수보다 법위반 여부의 확인과 제재 위주로 이루어지고 있으며, 행정조사를 받는다는 사실 자체가 공개되면 때로는 기업이 미지에 치명적인 타격을 가하여 매출부진, 거래차질 그리고 도산까지 초래하는데도 조사를 남발하고, 불법 또는 부당한 행정조사로 인한 피

해보상 규정이 미비하여 피해구제를 소홀히 하는 등 기업의 애로와 불만이 적지 않았다.[57]

그런데 개별 법률에서는 행정조사에 관하여 단편적인 규정을 두고 있는바, 가령 조사의 주체, 조사의 상대방 그리고 조사의 대상, 조사의 증표제시에 관한 기본적이며 간략한 규정만 두고 있을 뿐 절차적 및 실제적 한계에 관한 규정이 제대로 마련되어 있지 않아 조사대상자의 권익보호와 기업의 부담완화를 위해 행정조사제도 및 관련 법령을 정비해야 할 필요성이 대두되었다.

행정조사기본법은 제1조의 목적에서 밝히고 있는 바와 같이, 행정조사의 기본원칙, 행정조사의 방법 및 절차 등에 관한 공통적인 사항을 규정함으로써 행정의 공공성, 투명성 및 효율성을 높이고 국민의 권익을 보호함을 목적으로 한다고 되어 있다. 그러나, 이 법률은 종래 우리의 행정조사제도를 둘러싸고 제기되었던 문제점을 종합적으로 해결하는 법률은 아니다. 이 법률의 제정을 통하여 행정조사에 관하여 종래 국민이 가졌던 불편을 다소간 해소하는 한편, 행정청에도 행정조사의 효율성을 제고할 수 있는 기회를 제공하는 두 마리의 토끼를 좇는다고 할 수 있다.

II. 행정조사기본법의 특징과 주요 내용

1. 구조적 특징

첫째로, 행정조사기본법은 그 법률의 명칭이 기본법으로 되어 있다. 이 법률이 기본법이기 때문에 행정조사에 관한 기본원리와 공통적인 사항을 설정하나, 개별적인 행정조사에 관한 사항에 대하여는 개별

---

57 김영조, "행정조사기본법의 문제점과 개선방안", 「공법학연구」 제8권 제3호, 2007, 91면.

법률이 적용되어 양자간에 모순될 경우에 어떤 법률이 우선적으로 적
용될 것인가 하는 논란[58]이 있을 수 있다. 법제실무상 기본법과 일반
법 간의 상충이 있을 경우 그 효력우위는 기본법이 우선한다고 해석된
다. 기본법은 헌법의 이념을 실현하면서 다른 집행적 법률을 향도하는
기능을 수행한다. 기본법 중에는 정책의 대강만을 정하는 법률도 있지
만 행정조사기본법은 다른 개별 법률의 행정조사의 규정을 향도하는
기능을 수행한다.

　둘째로, 행정조사기본법은 일반법이다. 행정조사기본법 제3조 제1
항에서 "행정조사에 관하여 다른 법률에 특별한 규정이 있는 경우를
제외하고는 이 법으로 정하는 바에 따른다."고 규정하여 이 법률이 행
정조사에 관한 일반법임을 천명하고 있다.

　셋째로, 행정조사기본법은 종래 학문상 논란이 되었던 행정조사의
개념과 기본원칙을 구체적으로 정의하였다는 점에서 매우 의미가 있
는 법률이며 다른 나라에서 유례를 찾아보기 힘든 법률이라고 할 것이
다. 다만, 적용대상의 예외를 광범위하게 인정하였고, 벌칙규정이 미비
되어 있어 그 실효성이 담보되지 못하는 측면이 있다.

　넷째로, 행정조사기본법은 절차적 사항과 실체적 내용을 함께 규
율하고 있다. 우선 행정조사와 관련한 비례의 원칙 및 권리남용금지의
원칙 등을 중심으로 한 행정조사의 기본원칙을 설정함과 동시에 조사
의 일련의 원칙을 정하였다. 또한 그동안 학설상 논란이 되었던 행정
조사의 법적 근거의 필요성 여부에 대하여 강제조사와 임의조사를 구
분하여 입법화하고 있다. 더구나 공동조사와 중복조사금지 조항을 두
어 국민의 부담을 가중시켜왔던 종래의 잘못된 행정조사의 관행을 불
식시킬 수 있는 제도적 장치를 강구하고 있다. 그러나 행정조사와 수

---

58 가령 오준근, "행정조사제도의 법리적 논의·입법동향의 평가와 개선방향에
　관한 연구", 「토지공법연구」 제45집, 2009, 370면.

사절차가 접목하는 부분에 대하여 명확한 입장정리가 되지는 않았고 행정조사에 있어서 형사소추절차와 관련되는 조사활동에 있어서는 영장주의나, 진술거부권의 고지 등 제반 절차 규율이 미흡하다. 다만, 행정조사의 공정성, 투명성 및 신뢰성을 보장하기 위하여 조사의 사전통지제도 등을 명문화한 것을 긍정적으로 평가할 수 있다.

2. 행정조사기본법에 의한 조사방법

가. 출석 및 진술요구(행정조사기본법 제9조 제1항)

행정기관의 장이 조사대상자의 출석·진술을 요구하는 때에는 일시와 장소, 출석요구의 취지, 출석하여 진술하여야 하는 내용, 출석거부에 대한 제재 등의 사항이 기재된 출석요구서를 발송하여야 한다.

한편, 조사대상자는 지정된 출석일시에 출석하는 경우 업무 또는 생활에 지장이 있는 때에는 행정기관의 장에게 출석일시를 변경하여 줄 것을 신청할 수 있으며, 변경신청을 받은 행정기관의 장은 행정조사의 목적을 달성할 수 있는 범위 안에서 출석일시를 변경할 수 있다(행정조사기본법 제9조 제2항).

또한, 출석한 조사대상자가 제1항에 따른 출석요구서에 기재된 내용을 이행하지 아니하여 행정조사의 목적을 달성할 수 없는 경우를 제외하고는 조사원은 조사대상자의 1회 출석으로 당해 조사를 종결하여야 한다(행정조사기본법 제9조 제3항).

나. 보고요구와 자료제출의 요구(행정조사기본법 제10조)

행정조사기본법 제10조 제1항에 따라 행정기관의 장은 조사대상자에게 조사사항에 대하여 보고를 요구하는 때에는 일시와 장소, 조사의 목적과 범위 등의 사항이 포함된 보고요구서를 발송하여야 한다.

한편, 행정기관의 장은 조사대상자에게 장부·서류나 그 밖의 자료를 제출하도록 요구하는 때에는 제출기간, 제출요청사유 등의 사항이 기재된 자료제출요구서를 발송하여야 한다.

다. 현장조사(행정조사기본법 제11조)

조사원이 가택·사무실 또는 사업장 등에 출입하여 현장조사를 실시하는 경우에는 행정기관의 장은 조사목적, 조사기관과 장소, 조사원의 성명과 직위, 조사범위와 내용 등의 사항이 기재된 현장출입조사서 또는 법령 등에서 현장조사 시 제시하도록 규정하고 있는 문서를 조사대상자에게 발송하여야 한다.

무엇보다 행정청은 출석·진술 요구를 하고자 할 경우 출석요구서, 보고를 요구하고자 할 경우에는 보고요구서, 자료제출을 요구하고자 할 경우에는 자료제출요구서를 각각 사전에 발송할 의무를 진다. 조사원이 가택·사무실 또는 사업장 등에 출입하여 현장조사를 실시하는 경우에는 현장출입조사서 또는 법령 등에서 현장조사 시 제시하도록 규정하고 있는 문서를 조사 대상자에게 발송하여야 한다. 아울러 현장조사는 시간적 제약이 있는바, 해가 뜨기 전이나 해가 진 뒤에는 할 수 없는 야간조사 금지원칙이 적용된다.[59] 현장조사를 하는 조사원은 그 권한을 나타내는 증표를 지니고 이를 조사대상자에게 내보여야 하는 증표제시원칙이 적용된다.

라. 시료채취(행정조사기본법 제12조)

행정조사기본법 제12조 제1항에서 "조사원이 조사목적의 달성을 위하여 시료채취를 하는 경우에는 그 시료의 소유자 및 관리자의 정상적인 경제활동을 방해하지 아니하는 범위 안에서 최소한도로 하여야

---

59 야간조사의 예외는,
  1. 조사대상자(대리인 및 관리책임이 있는 자를 포함한다)가 동의한 경우
  2. 사무실 또는 사업장 등의 업무시간에 행정조사를 실시하는 경우
  3. 해가 뜬 후부터 해가 지기 전까지 행정조사를 실시하는 경우에는 조사목적의 달성이 불가능하거나 증거인멸로 인하여 조사대상자의 법령등의 위반 여부를 확인할 수 없는 경우의 3가지 경우이다.

한다."고 규정하고 있고, 동조 제2항에서 "행정기관의 장은 제1항에 따른 시료채취로 조사대상자에게 손실을 입힌 때에는 대통령령으로 정하는 절차와 방법에 따라 그 손실을 보상하여야 한다."고 규정하고 있다. 조사원이 조사목적의 달성을 위하여 시료채취를 하는 경우에는 비례원칙을 준수하여야 하며, 이로 인한 손실보상에 대하여 명문의 규정을 두고 있다.

마. 자료 등의 영치(행정조사기본법 제13조)

조사원이 현장조사 중에 자료·서류·물건 등(이하 이 조에서 '자료 등'이라 한다)을 영치하는 때에는 조사대상자 또는 그 대리인을 입회시켜야 한다. 또한 조사원이 자료 등을 영치하는 경우에 조사대상자의 생활이나 영업이 사실상 불가능하게 될 우려가 있는 때에는 조사원은 자료 등을 사진으로 촬영하거나 사본을 작성하는 등의 방법으로 영치에 갈음할 수 있다. 다만, 증거인멸의 우려가 있는 자료 등을 영치하는 경우에는 그러하지 아니하다.

행정기관의 장은 영치한 자료 등을 검토한 결과 당해 행정조사와 관련이 없다고 인정되는 경우이거나 당해 행정조사 목적의 달성 등으로 자료 등에 대한 영치의 필요성이 없게 된 경우 중 어느 하나에 해당하는 경우에는 이를 즉시 반환하여야 한다.

이와 같이 행정조사기본법 제13조에서 조사원이 현장조사 중에 자료·서류·물건 등을 영치하는 경우 조사대상자(대리인 포함) 입회의 원칙, 영치조서 교부의무, 반환의무 등을 규정하고 있다.

바. 공동조사(행정조사기본법 제14조)

행정조사기본법 제14조 제1항은 행정기관의 장은 당해 행정기관 내의 2 이상의 부서가 동일하거나 유사한 업무분야에 대하여 동일한 조사대상자에게 행정조사를 실시하는 경우이거나 서로 다른 행정기관이 대통령령으로 정하는 분야에 대하여 동일한 조사대상자에게 행정조사를 실시하는 경우 중 어느 하나에 해당하는 행정조사를 하는 경우에는 공동조사를 하여야 한다고 규정하고 있다.

아울러 동조 제2항에서 "제1항 각 호에 따른 사항에 대하여 행정조사의 사전통지를 받은 조사대상자는 관계 행정기관의 장에게 공동조사를 실시하여 줄 것을 신청할 수 있다. 이 경우 조사대상자는 신청인의 성명·조사일시·신청이유 등이 기재된 공동조사신청서를 관계 행정기관의 장에게 제출하여야 한다."고 규정하고 있으며, 공동조사를 요청받은 행정기관의 장은 이에 응하여야 한다.

3. 행정조사기본법의 피조사자에 대한 권익보호 장치

행정조사기본법 제17조 제1항에서 "행정조사를 실시하고자 하는 행정기관의 장은 제9조에 따른 출석요구서, 제10조에 따른 보고요구서·자료제출요구서 및 제11조에 따른 현장출입조사서(이하 '출석요구서 등'이라 한다)를 조사개시 7일 전까지 조사대상자에게 서면으로 통지하여야 한다."고 규정하여 사전통지에 관한 조항을 두고 있다.

행정조사의 사전통지를 받은 조사대상자에게 의견제출권 및 조사원 교체신청권을 부여하고, 조사를 행하는 행정기관에 대하여는 조사권 남용을 방지하기 위한 조사권 행사의 제한장치를 설정하며, 조사결과를 사후에 통지하도록 하는 등 조사대상자의 권익보장을 위한 법적 장치를 명문으로 도입한 것은 매우 긍정적으로 평가할 수 있다. 행정조사기본법에서는 사전통지만을 명문화하고 있고, 이유제시에 대하여는 아무런 규정을 두고 있지 않으나, 이유제시는 상대방의 임의적 협력을 통해 조사가 원활히 운영되는 데에도 기여하고, 행정기관의 부당한 조사권의 행사를 방지하므로 피조사자의 정당한 권리를 보장하기 위해 시급히 도입되어야 할 제도라고 본다.[60]

| 60 김영조, "행정조사에 관한 연구 — 특히 세무조사의 법적 문제를 중심으로—",

Ⅲ. 행정조사기본법의 문제점과 개선방안

1. 논의의 출발점

행정조사기본법이 2007년 5월 17일 법률 제8482호로 제정되어 같은 해 8월 18일부터 시행되고 있는바, 이 법률에 대한 전반적인 평가가 이루어지고 있지는 않지만, 종전에 비하여 행정조사활동에 대하여 기업이나 개인의 부담이 줄어드는 측면이 있다. 다만, 개별법에서 이루어지는 세무조사나 공정거래위원회의 조사 등에 관하여는 행정조사기본법의 적용이 배제되도록 되어 있어, 한계로서 기능하고, 조사공무원의 위반행위에 대하여 벌칙조항을 마련하고 있지 아니하여 집행의 한계점이 드러나고 있다. 이하에서는 법적인 통제와 관련하여 행정조사기본법상 행정조사의 문제점 및 개선방안에 대하여 살펴보기로 한다.

2. 적용제외 범위의 광범위성

가. 문제점

행정조사기본법 제3조 제2항에 규정된 적용제외 사항은 다음과 같다.

1. 행정조사를 한다는 사실이나 조사내용이 공개될 경우 국가의 존립을 위태롭게 하거나 국가의 중대한 이익을 현저히 해칠 우려가 있는 국가안전보장·통일 및 외교에 관한 사항

2. 국방 및 안전에 관한 사항 중 다음 각 목의 어느 하나에 해당하는 사항

   가. 군사시설·군사기밀보호 또는 방위사업에 관한 사항

경희대학교 대학원 법학박사학위논문, 1998 참조; 早坂禧子, "行政調查 — 强制の視點を中心にして", 「公法研究」 58号, 1996, 201面.

나. 「병역법」·「향토예비군설치법」·「민방위기본법」·「비상대비
　　자원관리법」에 따른 징집·소집·동원 및 훈련에 관한 사항
3. 「공공기관의 정보 공개에 관한 법률」 제4조 제3항의 정보에 관
　　한 사항
4. 「근로기준법」 제101조에 따른 근로감독관의 직무에 관한 사항
5. 조세·형사·행형 및 보안처분에 관한 사항
6. 금융감독기관의 감독·검사·조사 및 감리에 관한 사항
7. 「독점규제 및 공정거래에 관한 법률」, 「표시·광고의 공정화에
　　관한 법률」, 「하도급거래 공정화에 관한 법률」, 「가맹사업거래
　　의 공정화에 관한 법률」, 「방문판매 등에 관한 법률」, 「전자상
　　거래 등에서의 소비자보호에 관한 법률」, 「약관의 규제에 관한
　　법률」 및 「할부거래에 관한 법률」에 따른 공정거래위원회의 법
　　률위반행위 조사에 관한 사항 등이 그것이다.

　이와 관련하여 특히 세무조사와 관련되는 부분을 제외하는 문제
에 대하여 검토하고, 나아가 공정거래위원회의 조사활동이 제외되고
있는 부분을 살펴보기로 한다.

　먼저 국세기본법에 따라 과세행정기관은 '세무조사'를 행하는데,
이와 같은 세무조사에 관하여는 행정조사기본법이 적용되지 아니한다.
국세기본법상 행정조사에 관한 사항이 규정된 부분은 '제7장의2 납세
자의 권리'이다. 이처럼 국세기본법이 세무조사를 받는 납세자의 권리
에 관한 규정을 둔 것은 세무조사를 행사하는 행정기관의 권한행사의
한계를 규정한 것으로 매우 적절하고 타당하다고 할 수 있다. 특히 국
세기본법은 국세에 관한 모든 사항을 관리하는 관리규범으로서의 기
본법이며, 국세에 관한 다른 모든 법률보다 그 우월성을 선언하고 있
는 법률이라는 점에서 그 의의를 찾아볼 수 있다. 그러나 국세기본법
의 경우 행정조사기본법과 기본적으로는 대동소이하다. 개별분야에서

필요한 행정조사에 관한 행정권 행사의 한계에 관한 기본적 사항 특히 조사의 주체, 조사의 대상, 조사의 수단, 조사의 방법 및 절차 등에 관한 사항이 구체화되어 있지 아니하다. 이 점에서 행정조사기본법의 예외를 설정한 구체적인 의의가 발견되지 아니한다.

　나아가, 「독점규제 및 공정거래에 관한 법률」에 따라 공정거래위원회는 법률 위반사항에 대한 조사를 하며, 공정거래위원회에 조사권한을 부여한다. 조사권한에는 직권조사권한 및 신고에 따른 조사권한이 모두 포함된다. 조사권한에 대해서는 "이 법에 위반한 혐의가 있다고 인정할 때, 필요한 조사를 할 수 있다."고 규정되어 매우 포괄적으로 설정되어 있다. 「독점규제 및 공정거래에 관한 법률」이 규정하는 행정조사에 관한 규정은 행정조사기본법뿐만 아니라 국세기본법이 규정하는 경우에 비하여 행정조사의 대상이 되는 개인과 기업에 매우 불리하게 설정되어 있다. 다시 말해서 공정거래위원회의 조사권한이 조직법적 측면 및 작용법적 측면 모든 범위에서 너무 포괄적으로 설정되어 있는 반면에, 조사의 대상이 되는 인적 범위 및 물적 범위, 조사의 수단, 조사의 방법, 조사의 절차 등에 관한 가장 기본적인 요소마저도 법률상 전혀 규정되어 있지 아니하고 공무원의 자의적인 조사권한의 행사에 맡기고 있다는 점은 문제점으로 지적된다. 그럼에도 불구하고 이 법률은 행정조사기본법의 적용예외가 되도록 되어 있어 공정거래위원회는 조사를 함에 있어 행정조사기본법의 규정을 준수할 필요가 없다는 것이다. 따라서 「독점규제 및 공정거래에 관한 법률」에 조사의 공정성 및 투명성을 담보할 법적 장치를 직접 규정하거나, 최소한 행정조사기본법의 적용범위를 상당부분 확대할 필요가 있다 할 것이다.[61]

　개별법에 행정조사에 대한 사전통지의 의무가 규정되어 있지 않은 경우에는 행정조사기본법의 규정을 적용하는 것이 타당하므로 사

---

61 김남욱, "공정거래위원회의 강제조사권", 「토지공법연구」 제17집, 2003, 235면.

전통지와 이유제시의 의무를 긍정할 수 있을 것이다.

나. 개선방안

앞서 살펴본 바와 같이 행정조사기본법에는 매우 넓은 범위의 예외가 설정되어 있다. 이들 예외적인 사항에 대한 조사를 '행정조사기본법의 적용제외 대상'으로 설정하였다는 것이다. '기본법'을 제정하고, 그 안에 공통적인 기본원칙과 방법 및 절차 등을 설정하면서 막상 가장 빈번하게 이루어지고 국민의 자유와 권리에 대한 침해가 문제가 되는 중요한 조사현장을 상당부분 '적용제외' 대상으로 설정한 것은 법률의 제정 취지를 손상시키게 된다. 다만 제3조 제3항에서 행정조사의 기본원칙(제4조), 행정조사의 근거(제5조) 및 정보통신수단을 통한 행정조사(제28조)는 적용제외의 예외로서 적용이 제외되는 영역에서 그 적용이 되도록 하였는바, 그 대상과 적용범위를 넓혀나갈 필요가 있다.

세무조사, 공정거래법 위반행위에 대한 조사 등과 같이 특수한 조사절차가 필요한 영역의 경우에도 행정조사기본법에 규정된 기본원칙은 적용된다. 이 경우 사전통지제도의 운용, 조사대상자의 권익보호를 위한 법적 장치의 운용 등과 같이 행정조사기본법에 규정된 표준적 절차와 권익보호장치를 직접 조사대상법률에 규정함이 필요하다. 국민의 기본권의 침해 여지가 높은 영역일수록 행정조사기본법의 정신이 스며들도록 할 필요가 있으므로 행정조사기본법의 적용제외에서 세무조사와 공정거래위원회의 조사 등을 제외할 필요가 있다.

3. 법령위반에 대한 수시조사

가. 문제점

행정조사는 법령 등 또는 행정조사운영계획으로 정하는 바에 따라 정기적으로 실시함을 원칙으로 한다. 다만, 다음의 경우에는 수시조사를 할 수 있는바, 그것은 ① 법률에서 수시조사를 규정하고 있는 경우, ②

법령 등의 위반에 대하여 혐의가 있는 경우, ③ 다른 행정기관으로부터
법령 등의 위반에 관한 혐의를 통보 또는 이첩 받은 경우, ④ 법령 등
의 위반에 대한 신고를 받거나 민원이 접수된 경우와 ⑤ 그 밖에 행정
조사의 필요성이 인정되는 사항으로서 대통령령으로 정하는 경우이다.

그런데 행정조사가 처벌과 단속위주의 조사보다는 예방위주의 조
사로 이루어져야 하는데, 범죄혐의가 있는 조사의 경우에는 수시조사
에 의하도록 하여, 당사자의 권익보호가 약화될 우려가 있다.

나. 개선방안

수시조사의 예외사유인 ② 법령 등의 위반에 대하여 혐의가 있는
경우, ③ 다른 행정기관으로부터 법령 등의 위반에 관한 혐의를 통보
또는 이첩 받은 경우, ④ 법령 등의 위반에 대한 신고를 받거나 민원
이 접수된 경우는 사실상 수사적 성격을 띠게 되므로 절차적으로 잠금
장치를 마련할 필요가 있다. 수시조사를 광범위하게 인정하는 것이 바
람직하지 않고, 이와 같은 법령위반을 이유로 한 조사의 경우에는 특
히 영장주의 내지 진술거부권이 인정되도록 제도적 보완장치를 마련
하는 것이 필요하다.

4. 개인정보 수집제한 규정의 미비

가. 문제점

행정조사기본법에서는 행정조사의 목적과 무관한 개인정보와 관
련하여 민감한 정보의 수집 제한에 관하여 아무런 규정을 두고 있지
않다. 공공기관이 확보한 개인정보는「공공기관의 정보공개에 관한 법
률」제9조 제1항에서 공개대상에서 제외되고 있을 뿐만 아니라 우리
헌법 제17조 등에 의하여 개인의 사생활의 비밀과 자유가 보장되고 있
으므로 행정조사 절차에서 민감한 개인정보의 수집의 제한규정을 마
련할 필요가 있다.

나. 개선방안

비록 개인정보보호법이 제정되어 전자적으로 처리되는 개인정보의 보호뿐만 아니라 수기로 작성된 문서까지 개인정보의 보호범위에 포함되었으나, 행정조사 절차에서 광범위하게 개인정보를 수집할 위험성이 상존하고 있으므로 관련 규정을 행정조사기본법에 마련할 필요가 있다.

정보자기결정권에 입각해서 살펴보면 개인정보의 수집은 개인정보보호법에 따라 이루어질 필요가 있고, 행정조사를 이유로 과도한 개인정보를 획득하는 것은 허용되지 않으며, 개인의 주거를 방문하여 행정조사를 하는 경우에는 사전에 법관의 영장을 발부받아야 가능한 방향으로 법제화가 필요한 것으로 판단된다.[62]

아울러 개인정보보호법 제23조(민감정보의 처리제한)의 규정에서와 유사한 규정을 행정조사기본법에 규정할 필요가 있다. 행정조사권의 행사의 제한에 사상·신념, 노동조합·정당의 가입·탈퇴, 정치적 견해, 건강, 성생활 등에 관한 정보, 그밖에 정보주체의 사생활을 현저히 침해할 우려가 있는 개인정보로서 대통령령으로 정하는 정보(이하 '민감정보'라 한다)는 법률에 규정이 있거나 본인이 동의하는 경우를 제외하고는 수집할 수 없도록 하는 규정을 마련할 필요가 있다.

5. 행정조사활동의 피해에 대한 손실보상

가. 문제점

행정조사기본법에서는 시료채취로 인한 피해에 대하여만 손실보상 규정을 두고 있을 뿐 다른 형태의 행정조사와 관련하여 발생하는 특별한 희생에 대하여 어떠한 명문의 규정을 두고 있지 않아 문제점으

---

62 신보성, "행정정보와 개인정보의 보호 — 특히 경찰에 의한 정보수집과 관련하여 —", 「중앙법학」 창간호, 1999, 155~156면.

로 지적될 수 있다.

나. 개선방안

시료채취로 인한 피해에 대한 손실보상 이외에 현장조사 등의 경우는 물론 영치 등에 따라 발생하는 특별한 희생에 대하여는 행정조사기본법에 아무런 규정을 두고 있지 않다. 비록 특별한 희생이 있는 손실이라고 할지라도 법률에 명문의 규정을 두고 있지 않은 경우에는 손실보상이 불가능하게 되므로, 적법한 행정조사 절차에서 불가피하게 발생하는 손실에 대하여는 시료채취로 인한 경우에 국한할 것이 아니라 보다 그 적용범위를 넓혀 손실보상을 받을 수 있도록 행정조사기본법이나 개별법에 손실보상에 관한 근거규정을 마련할 필요가 있다.

6. 사실적 수사로 기능하는 행정조사에 있어 영장주의 등의 절차적 규율

가. 문제점

최근에 다양한 분야의 전문성을 인정하여 검찰이나 경찰과 협력하거나 특별사법경찰관리제도를 마련하거나 아니면 전문행정기관에 의한 조사가 사실상 수사의 형태로 발전하고 있음에도 이에 대한 절차적 통제가 미흡한 실정이다. 이러한 행정조사는 검찰이나 사법경찰관리에 의한 수사라면 형사소송법상의 절차를 엄격히 준수하게 되어 특별히 문제될 것이 없으나, 단순한 행정조사를 넘어 당해 행위의 법위반을 확정하고 증거자료를 수집하여 행정기관이 행정벌을 부과하거나 수사기관인 검찰에 고발하는 경우에는 사실적 수사활동 내지 행정수사로 지칭될 수 있다.[63] 이러한 경우에 영장주의 등 절차적 권리의 보장이 미흡한 문제점이 지적되고 있으며, 위법수집증거의 배제법칙의

---

63 박혜림, "수사단계의 적법절차원리에 관한 고찰 — 사실상 수사로서의 행정조사를 중심으로 —", 「법학논총」 제20집 제2호, 2013, 587면.

적용이 문제된다.

나. 개선방안

세무조사나 공정거래위원회의 조사활동은 조사 그 자체만으로도 형벌보다 더 큰 사실상의 위하력을 지니고 있는 점을 감안하면 순수한 행정조사로 볼 것이 아니라 행정조사의 외피를 입고 있을 뿐 실질적인 수사와 큰 차이가 없을 것이다.[64] 행정조사기본법이나 개별법에 영장주의, 진술거부권, 변호사의 조력권에 관한 절차적 권리를 보장하는 규정을 마련할 필요가 있다.

더구나 행정조사에서 위법하게 수집한 정보는 향후 수사절차에서 그 증거능력을 배제하는 방향으로의 제도개선이 요망된다. 현행 형사소송법 제308조의2에서 "적법한 절차에 따르지 아니하고 수집한 증거는 증거로 할 수 없다."라고 규정하여 위법수집증거 배제법칙을 제도화하고 있으므로, 이와 같은 형사소송법의 규정이 행정조사에도 준용될 수 있도록 국세기본법이나 「독점규제 및 공정거래에 관한 법률」에 명문화하거나, 행정조사기본법에도 사실상 수사로서 기능하는 행정조사에 있어서 사후에 수사기관의 증거자료로 활용하기 위해서는 형사소송법상의 절차가 준용되어 절차적 권리가 보장되도록 제도개선을 할 필요가 있다.

형사소송법에 따른 영장의 경우에는 수사기관이 일방적으로 발부하는 것이 아니라 법관이 심사하여 발부한다. 그러나 행정조사기본법에 따른 행정조사의 경우에는 이와 같은 심사장치가 없다. 따라서 형사처벌과 직결되는 행정조사의 경우에는 이 법률과 형사소송법의 규정이 함께 조화롭게 적용되어야 할 것이라 생각한다.

| 64 이근우, "행정조사의 형사법적 한계설정", 「고려법학」 제72호, 2014, 355면.

行政調査의 司法的 統制方案 硏究

세무조사의 사법적 통제방안

I. 들어가며

세무조사는 신고납세주의를 원칙으로 하는 조세제도 하에서 국가가 공평과세의 원칙과 조세정의를 실현하기 위한 필수적인 수단이다. 세무조사는 그 자체가 목적이 아니라 과세처분을 위한 보조적인 활동이지만, 그 과정에서 납세자의 영업의 자유와 프라이버시를 침해할 가능성이 많기 때문에 세무조사의 절차적 사항 중 중요한 사항은 법령으로 규정하고 있다.

그럼에도 세무조사 권한의 남용으로 인한 납세자 권익침해의 문제는 계속적으로 제기되어 왔고, 이에 대한 사전적·사후적 구제방안에 관하여 많은 논의가 있었다. 가장 효과적이고 중요한 구제방안은 사법적 통제의 관점에서 검토될 수 있는바, 여기에서는 위법한 세무조

사와 이를 토대로 이루어진 과세처분의 효력을 살펴보고, 사법적 구제
수단을 현행법과 입법론의 측면에서 검토하기로 한다.

II. 세무조사의 개념 및 법적 근거

1. 세무조사의 개념과 방식

세무조사는 세무공무원이 질문검사권을 행사하여 과세요건을 충
족하는 사실의 조사·확인 및 과세에 필요한 직·간접의 자료를 수집하
는 일련의 행위를 뜻한다.[65] 국세청 훈령인 조사사무처리규정 제3조는
세무조사에 대하여, "각 세법에 규정하는 질문조사권 또는 질문검사권
에 근거하여 조사공무원이 납세자의 국세에 관한 정확한 과세표준과
세액을 결정 또는 경정하기 위하여 조사계획에 의해 세무조사 사전통
지 또는 세무조사 통지를 실시한 후 납세자 또는 납세자와 거래가 있
다고 인정되는 자 등을 상대로 질문하고, 장부·서류·물건 등을 검사·
조사하거나 그 제출을 명하는 행위"라고 규정하고 있다.

세무조사는 세무공무원이 조사의 방해를 실력으로 배제할 수 있
는 '강제조사'와, 조사의 방해를 실력으로 배제할 수 없고 납세자의 동
의가 있어야만 시행할 수 있는 '임의조사'의 방식으로 이루어질 수 있
다. 강제조사는 조세범칙조사에서 행하여지는 것으로 법원의 압수수색
영장에 의하여 이루어진다. 임의조사는 조사에 불응한 납세자에 대하
여 어떠한 제재도 하지 않는 순수한 임의조사와, 조사에 불응한 납세
자에 대하여 과태료 부과 등 처벌을 하는 간접강제조사가 있다.

2. 세무조사의 법적 근거

행정조사기본법은 조세·형사·행형 및 보안처분에 관한 사항에

---

65 김영란, "세무조사의 절차상 문제점과 개선방안", 「조세와 법」 제4권, 2011, 91면.

대하여는 원칙적으로 적용을 배제하고 있다(제3조 제2항 제5호). 그에 따라 세무조사에는 행정조사기본법 제4조(행정조사의 기본원칙), 제5조 (행정조사의 근거) 및 제28조(정보통신수단을 통한 행정조사)를 제외하고는 행정조사기본법의 규정이 적용되지 않는다. 강제조사나 간접강제조사 방식의 세무조사를 하기 위해서는 법적 근거가 있어야 한다는 것에 이론이 없는바, 세무조사의 근거법령으로는 세무조사에 대한 절차적 사항을 규정한 국세기본법과 각 세법에서 정하고 있는 질문조사권 또는 질문검사권의 규정, 「조세범 처벌법」 및 「조세범 처벌절차법」이 있다. 그러나 실질적인 세무조사의 세부기준과 집행은 조사사무처리규정 등 하위규정인 국세청 훈령으로 규정하고 있다.

한편 신고기준율 조사나 부동산 기준시가조사 등 순수한 임의조사의 경우에 법적 근거를 요하는지에 대해서는 학설의 대립이 있다. 행정기관은 법령 등에서 행정조사를 규정하고 있는 경우에 한하여 행정조사를 실시할 수 있고, 예외적으로 조사대상자의 자발적인 협조를 얻어 실시하는 행정조사의 경우에만 법적 근거를 요하지 않도록 하고 있다(행정조사기본법 제5조). 납세자의 권리보호와 적법절차의 원칙을 행정행위에 반영할 필요성의 측면에서도 법적 근거가 있어야 한다고 본다.

Ⅲ. 국세기본법과 납세자보호사무처리규정, 조사사무처리규정 상 납세자보호에 관한 규정

국세기본법은 납세자 권리에 관하여 별도의 장으로 분류한 다음, 납세자권리헌장의 제정 및 교부, 납세자의 성실성 추정원칙, 세무조사권의 남용금지, 세무조사에 있어서 변호사·공인회계사·세무사 또는 조세에 관하여 전문지식을 갖춘 자의 조력을 받을 권리를 보장하고,

세무조사 대상자 선정의 원칙, 세무조사의 사전통지원칙, 당사자에게 연기신청권의 부여, 세무조사기간의 최소화의 원칙, 세무조사범위 확대의 제한, 세무조사에 있어서 과세관청의 결과통지의무, 세무공무원의 비밀유지의무, 결과통지결과를 기초로 한 납세자의 과세전적부심사청구권을 규정하고 있다.

국세기본법은 제81조의16에서 국세청장은 직무를 수행함에 있어 납세자의 권리가 보호되고 실현될 수 있도록 성실하게 노력하여야 한다고 규정하는 한편, 납세자의 권리보호를 위하여 국세청에 납세자 권리보호업무를 총괄하는 납세자보호관을 두고, 세무서 및 지방국세청에 납세자 권리보호업무를 수행하는 담당관을 각각 1인을 두도록 하였다.

세무조사 과정에서 조사공무원의 자의적인 세무조사의 기간 연장 및 세무조사 범위의 확대를 방지하기 위하여 사전에 승인을 요하도록 하고 있으며 세무조사 기간 연장 및 조사범위 확대의 승인 여부를 판단하기 위하여 지방국세청 및 각 세무서에 납세자보호위원회를 두고 있다. 세무조사를 받는 납세자가 세무조사 진행과정에서 조사공무원이 세법 등에 위반된 조사를 하는 등 조사공무원의 위법 부당한 행위가 있는 경우에는 납세자보호담당관에게 세무조사에 대한 권리보호를 요청할 수 있다. 권리보호요청을 받은 납세자보호담당관은 사실관계가 확인될 때까지 당해 조사의 일시 중지를 요청하여야 하며 사실관계를 검토한 결과 시정이 필요하다고 판단되는 경우에는 주무과장에게 시정을 요구한다. 그 시정요구 내용이 세무조사 중단(조사계획 철회, 조사반 철수 등)에 해당하는 경우 납세자보호담당관은 국세청 납세자보호관에게 세무조사 중단명령을 요청하여야 한다. 만약 주무과장이 정당한 사유 없이 시정요구를 수용하지 않았을 경우 납세자보호담당관은 국세청 납세자보호관에게 시정명령을 요청하여야 한다. 시정명령서를 받은 납세자보호관은 이를 검토한 후 시정요구가 정당하다고 인정되면 시정명령서를 통보하며 이를 통지받은 주무과장은 이를 즉시 이행하여야 한다(납세자보호사무처리규정 제54조, 제59조). 또한 조사권을 남용한 조사공무원과 이를 감독할 권한이 있는 관리자에 대하여 국세청 내부 규정에 따라 처벌하도록 하고 있다(조사사무처리규정 제30조).[66]

대표적 행정조사인 세무조사에 대하여 행정조사기본법의 적용을 배제한 것에 대해서는 많은 비판이 있으며, 행정조사기본법상의 공동조사, 제3자에 대한 보충조사, 조사원 교체신청, 녹음·녹화권에 관한 규정들은 세무조사에 대해서도 적용되도록 하여야 한다는 견해도 있다.[67]

Ⅳ. 세무조사의 위법성 판단기준

1. 행정조사기본법상 조사의 원칙

행정조사기본법상 행정조사의 기본원칙은 특별한 규정이 없는 이상 조세에 관한 사항에도 적용되는데(제3조 제1항, 제3항), 행정조사기본법 제4조는 행정조사의 기본원칙에 대하여, ① 행정조사는 조사목적을 달성하는 데 필요한 최소한의 범위 안에서 실시하여야 하며, 다른 목적 등을 위하여 조사권을 남용하여서는 아니 되고, ② 행정기관은 조사목적에 적합하도록 조사대상자를 선정하여 행정조사를 실시하여야 하며, ③ 행정기관은 유사하거나 동일한 사안에 대하여는 공동조사 등을 실시함으로써 행정조사가 중복되지 아니하도록 하여야 한다고 규정하고 있다.

이는 목적의 정당성, 수단의 상당성 내지 방법의 적정성, 침해의

---

66 김영란, 앞의 논문, 98면.
67 신평우, "세법상 세무조사권 규정의 법적 검토와 권리구제에 관한 연구",「공법연구」제42집 제1호, 2013, 530면.

최소성과 법익의 균형성을 내용으로 하는 헌법상 비례의 원칙이 행정조사에 적용됨을 규정한 것이며, 공정하고 평등한 조사권의 행사와, 조사권 남용의 금지, 중복조사금지를 규정한 것으로 볼 수 있다. 따라서 세무조사는 국세기본법과 개별 세법 및 법령 이외에도 행정조사기본법상의 비례의 원칙을 준수하고, 공정하고 평등하게 행사되어야 한다.

2. 절차상 위법성 판단기준[68]

가. 세무조사 대상자의 선정, 개시과정의 위법성 판단

국세기본법은 세무조사 대상의 선정과정에서 적법성을 확보하고 세무조사권의 남용을 방지하기 위해 세무조사 대상자의 선정 및 그 개시를 제한하는 여러 규정을 두고 있다. 한편 각 개별 세법에 규정된 세무공무원의 질문조사권에 관한 규정에는 질문조사권의 행사요건으로 '공무원이 직무수행상 필요한 경우'라고 규정하면서, 그 범위, 정도, 장소, 한계 등에 관하여 명확한 규정을 하고 있지 않아 조사공무원에게 상당한 재량을 인정하고 있다. 이에 따라 구체적인 경우 재량권의 한계에 대한 검토가 필요하다.

대법원은, "세무조사는 기본적으로 적정하고 공평한 과세의 실현을 위하여 필요한 최소한의 범위 안에서 행하여져야 한다."고 세무조사가 최소한으로 이루어져야 함을 밝힌 바 있다(대법원 2010. 12. 23. 선고 2008두10461 판결). 개별 세법에 규정된 '공무원이 직무수행상 필요한 경우'를 판단함에 있어서도, 행정행위의 적법성 판단에 관한 일반기준인 비례의 원칙에 따라 재량권의 일탈·남용 여부를 판단하여야 할 것이다.

한편, 국세기본법은 세무조사권의 남용을 방지하기 위하여 필요 최소한의 세무조사를 규정하면서 중복조사 및 재조사를 명문으로 금

68 신평우, 앞의 논문, 534면.

지하고, 세무조사 대상자의 선정에 관하여 구체적인 규정을 두고 있다 (국세기본법 제81조의4). 따라서 이에 위반하여 개시된 세무조사는 위법하다. 또한 국세기본법은 통합조사의 원칙을 명시하고(국세기본법 제81조의11), 같은 법 시행령에서 통합조사의 예외사유를 구체화하고 있는 바(동법 시행령 제63조의12), 이에 위반하여 통합조사가 가능함에도 특정 세목의 세무조사를 반복한다면 이는 위법한 세무조사라고 할 것이다.

나. 세무조사 과정에서의 위법성 판단

조사공무원은 질문조사권을 근거로 납세자에 대한 세무조사를 실시하여 과세의 근거자료를 확보하고 정확한 세액을 확인하게 되는데, 조사공무원이 세무조사를 실시하는 과정에서 세무조사권의 남용을 방지하고, 납세자의 기본권을 보장토록 운영하기 위해서 국세기본법과 조사사무처리규정에 여러 조항을 마련하고 있다. 그 외에도 세무조사 과정에서 행정법상 기본원칙인 평등원칙이나 비례의 원칙을 위반하거나, 재량권을 일탈·남용한 경우에는 위법하게 될 것이다.

세무조사의 사전통지(국세기본법 제81조의7), 납세자권리헌장의 교부 및 조사사유, 조사기간, 권리구제절차의 설명 등(국세기본법 제81조의2)은 세무조사 과장에서 납세자의 방어권을 실질적으로 보장하기 위한 기본적 절차로서 이를 이행하지 않은 경우 세무조사는 위법하게 된다.

조사공무원은 세무조사의 목적으로 납세자의 장부 또는 서류를 세무관서에 임의로 보관할 수 없다(국세기본법 제81조의10 제1항). 그럼에도 조사공무원들이 심층조사를 위해 사전통지나 혐의에 대한 아무런 설명 없이 광범위한 자료를 영치하며 동의를 요구하는 경우가 있다. 이 경우 납세자는 영치에 동의하지 않을 경우 조사기간의 연장, 과태료 또는 조세범칙조사로의 전환 등 그에 따른 불이익을 우려하여 마지못해 동의를 하게 되는데, 이로 인하여 실질적으로 영장에 의한 압수수색보다 광범위한 강제조사가 납세자의 동의라는 형식 하에 이루어지게 된다. 그러나 납세자가 순전히 자발적으로 영치에 동의한다는 것은 현실과 동떨어진 의제이다. 이러한 영치가 형식적으로는 납세자의 동의를 수반하고 있다고 하더라도 실질적으로 납세자에게 겁을 주거나 기만적 설명을 통하여 납세자의 의사결정권을 침해하여 이루어진 것이라면 위법을 면할 수 없다고 할 것이다.

다. 세무조사의 종료와 결과통지의 위법성 판단

세무조사 결과통지는 납세자가 세무조사결과를 이해할 수 있도록 충분한 내용을 포함하여 서면으로 하여야 한다. 세무조사 결과통지가 생략되었거나, 내용이 불충분한 경우에는 결과통지의 위법사유가 될 것이다. 한편 세무조사 결과통지나 과세예고 통지를 받은 납세자는 통지를 받은 날부터 30일 이내에 통지를 한 세무서장이나 지방국세청장에게 통지 내용의 적법성에 관한 과세전적부심사를 청구할 수 있다. 그런데 과세전적부심사청구의 기회를 주지 않은 채 이루어진 과세처분의 효력이 문제된다.

판례는 "사전구제절차로서 과세예고 통지와 과세전적부심사제도가 가지는 기능과 이를 통해 권리구제가 가능한 범위, 제도가 도입된 경위와 취지, 납세자의 절차적 권리 침해를 효율적으로 방지하기 위한 통제방법 등을 종합적으로 고려하면, 국세기본법 및 구 국세기본법 시행령(2015. 2. 3. 대통령령 제26066호로 개정되기 전의 것)이 과세예고 통지의 대상으로 삼고 있지 않다거나 과세전적부심사를 거치지 않고 곧바로 과세처분을 할 수 있는 예외사유로 정하고 있는 등의 특별한 사정이 없는 한, 과세관청이 과세처분에 앞서 필수적으로 행하여야 할 과세예고 통지를 하지 아니함으로써 납세자에게 과세전적부심사의 기회를 부여하지 아니한 채 과세처분을 하였다면, 이는 납세자의 절차적 권리를 침해한 것으로서 과세처분의 효력을 부정하는 방법으로 통제

할 수밖에 없는 중대한 절차적 하자가 존재하는 경우에 해당하므로, 과
세처분은 위법하다."(대법원 2016. 4. 15. 선고 2015두52326 판결)고 하여 특
별한 사정이 없는 한 과세처분 자체의 위법사유가 된다고 판시하였다.

Ⅴ. 세무조사에 대한 사법적 통제방안과 개선방안

1. 사전적 통제방안

가. 세무조사의 통지

국세기본법 제81조의7은, 세무공무원은 조사를 시작하기 10일 전
에 조사대상 세목, 조사기간 및 조사사유 등을 통지하여야 한다고 규
정하고 있다. 세무조사의 사전통지는 과세관청이 납세자에게 세무조사
의 개시를 예고하는 것으로 사전통지를 받을 권리는 조사대상자의 기
본적 권리이므로 이에 대한 예외는 제한적이어야 한다. 국세기본법은
그 예외사유로 범칙사건에 대하여 조사하는 경우와, 사전에 통지하면
증거인멸 등으로 조사목적을 달성할 수 없다고 인정되는 경우에는 사
전통지를 생략할 수 있도록 규정하고 있다. 그러나 사전통지를 생략할
수 있는 경우라도 실제 세무조사를 개시할 때에는 납세자에게 세목,
조사기간 및 조사사유 등을 구체적으로 고지하여야 할 것이다. 이는
납세자가 스스로의 권익을 방어하기 위한 가장 기본적인 절차이다. 나
아가 영치조사와 관련하여 조사목적과의 관련성, 영치의 필요성과 이
에 부동의할 수 있음을 명확히 고지하고, 부동의하더라도 그 사유로
불이익처분이 이루어지지 않는다는 점도 설명되어야 하며, 이를 납세
자권리헌장에 명시하는 것이 바람직하다.

나. 세무조사결정에 대한 항고소송과 집행정지

일반세무조사에서 세무조사 자체에 위법이 있다면 과세처분까지
기다리지 않고 세무조사 자체에 대한 행정소송을 제기할 수 있어야 한

다. 과세처분이 이루어진 다음에는 과세처분을 대상으로 전심절차를 밟아 행정소송을 제기하거나, 행정소송과는 별도로 민사소송이나 형사 고소 등의 절차를 밟을 수도 있겠으나, 세무조사의 위법사유가 과세처분의 효력을 완전하게 무효로 만들기 어려운 점이 있으므로 즉시 세무조사 자체를 대상으로 행정소송 등의 법적 구제를 취해야 할 필요성이 있다.

이 경우 중간행위로서 세무조사의 처분성이 문제되는데, 과세관청이 세무조사 사전통지서를 통해 향후 세무조사를 하겠다는 내용을 통지한 경우, 납세자가 과세관청의 세무조사결정처분에 대한 취소소송을 제기할 수 있는지에 대하여 판례는, "부과처분을 위한 과세관청의 질문조사권이 행해지는 세무조사결정이 있는 경우 납세의무자는 세무공무원의 과세자료 수집을 위한 질문에 대답하고 검사를 수인하여야 할 법적 의무를 부담하게 되는 점, 세무조사는 기본적으로 적정하고 공평한 과세의 실현을 위하여 필요한 최소한의 범위 안에서 행하여져야 하고, 더욱이 동일한 세목 및 과세기간에 대한 재조사는 납세자의 영업의 자유 등 권익을 심각하게 침해할 뿐만 아니라 과세관청에 의한 자의적인 세무조사의 위험마저 있으므로 조세공평의 원칙에 현저히 반하는 예외적인 경우를 제외하고는 금지될 필요가 있는 점, 납세의무자로 하여금 개개의 과태료 처분에 대하여 불복하거나 조사 종료 후의 과세처분에 대하여만 다툴 수 있도록 하는 것보다는 그에 앞서 세무조사결정에 대하여 다툼으로써 분쟁을 조기에 근본적으로 해결할 수 있는 점 등을 종합하면, 세무조사결정은 납세의무자의 권리·의무에 직접 영향을 미치는 공권력의 행사에 따른 행정작용으로서 항고소송의 대상이 된다."(대법원 2011. 3. 10. 선고 2009두23617, 23624 판결)고 판시하여 처분성을 인정하였다.

세무조사결정 이외에도 세무조사 대상 자료의 선정, 정보요청에 대한 거절, 세무조사 기간과 범위의 확대결정, 세무조사권을 남용한 개별적 행위, 장부서류의 임의제출 요구 등이 항고소송의 대상으로 검토될 수 있다.[69]

세무조사결정에 처분성을 인정하여 항고소송의 대상으로 허용할 경우 당연한 논리적 귀결로서 행정소송법상 집행정지가 허용된다(서울행정법원 2012아2056 결정 참조). 취소소송의 제기는 처분 등의 효력이나 그 집행 또는 절차의 속행에 영향을 주지 않으므로, 항고소송이 진행되는 동안 세무조사가 종결되면 소의 이익이 부정될 수 있기 때문에 세무조사에 대한 실질적 구제가 이루어지기 위해서는 집행정지가 필수적이다. 집행정지의 요건인 회복하기 어려운 손해를 예방하기 위한 긴급한 필요성이 있는지와 관련해서는 납세자의 영업의 자유, 인격권이나 프라이버시권이 침해되는지 여부에 대한 심리가 필요할 수 있다.

다. 부작위청구소송과 가처분 제도의 도입

위법한 행정조사에 대하여 상대방은 예방적 부작위청구소송을 제기하여 이를 저지할 수 있을 것인데, 우리 대법원은 이러한 소송형태에 대하여 소극적인 입장이다. 국민의 권리보호 확대의 관점에서 당사자소송의 한 형태로 예방적부작위청구소송을 도입하는 것을 전향적으로 검토할 필요가 있다. 이 경우에는 그에 따른 가처분으로 조사절차의 금지가처분을 구할 수 있을 것이다.

라. 납세자보호관제도, 납세자보호위원회, 조세범칙조사심의위원회의 활성화

납세자보호관제도나 납세자보호위원회제도는 사전적으로 권리침해를 배제하여 납세자의 피해를 최소화할 수 있다는 점에서 매우 효과적인 권리보호 수단이다. 그러나 그 실질적 운영이 국세청 훈령인 납세자보호사무처리규정에 의하여 이루어지고 있고, 대내적인 운영상 문

---

69 신평우, 앞의 논문, 545면.

제점 외에 절차위반으로 인한 법률효과의 부정이 강력하지 않아 대외적으로도 구속력이 취약하다는 점이 지적된다.[70] 납세자보호관제도가 납세자의 권리를 조기에 구제할 수 있는 실효적인 권리구제 방안이 되기 위해서는 납세자보호관의 권한을 더욱 강화하고, 납세자보호관을 지원하는 실질적 행정조직을 구축하는 것이 필요할 것이다. 한편으로는 납세자보호위원회의 심의사항을 확대하고, 납세자보호관이나 납세자보호위원회의 명령이나 요구를 위반한 세무조사에 대해서는 그 자체에 대한 사법적 통제뿐만 아니라 그로 인한 과세처분의 효력을 부인하고, 국가배상책임을 강화하는 것이 필요할 것이다.

한편 고발 또는 통고처분을 위한 조세범칙조사심의위원회의 운영에 있어서 납세자의 의견진술 기회를 실질적으로 보장할 필요가 있다. 납세자에게 의견서의 제출뿐만 아니라 의견진술의 기회를 부여함으로써 범칙대상이 되는 사실에 대하여 실질적으로 소명할 수 있는 기회를 부여할 필요가 있다.

2. 사후적 통제방안

가. 위법한 세무조사에 의한 과세처분의 효력

세무조사 절차에 위법이 있는 경우 그에 따라 이루어진 과세처분의 효력이 문제된다. 이에 대해서는 크게 납세자의 권리보호의 측면에서 절차위배의 위법성을 강조하는 견해와, 반대로 조세행정의 공익성과 안정성을 보다 강조하는 견해로 나눌 수 있다. 전자의 입장은 헌법상의 적법절차에 관한 원칙과 아울러 질문검사에 법원이 개입하는 사전의 사법적 억제제도가 없는 현행 세법 규정상, 그러한 과세처분의 효력을 인정한다면 위법한 조사에 대한 사후구제도 사실상 없게 되는 결과를 가져올 위험이 내포되어 있다는 점을 강조하는 데 반하여, 후

---

70 신평우, 앞의 논문, 549면.

자의 견해는 세무조사의 절차는 과세관청이 과세요건의 내용이 되는 구체적 사실의 존부를 조사하기 위한 절차로서 그 조사절차에 위법이 있어도 그 위법이 지극히 중대하여 처분의 내용에 영향을 미칠 정도의 경우가 아닌 한 그 자료에 기한 과세처분은 객관적인 소득에 합치하는 한에 있어서 적법하다고 주장한다.

판례는, 과세처분은 과세표준의 존재를 근거로 하여야 하는 것이기 때문에 그 적부는 원칙적으로 객관적인 과세요건의 존부에 의해 결정되어야 하는 것이고 세무조사 절차에 어떠한 위법이 있다고 하더라도 그것이 전혀 조사를 결한 경우나 사기나 강박 등의 방법으로 과세처분의 기준이 되는 자료를 수집하는 등 중대한 것이 아닌 한 과세처분의 취소사유로는 되지 않는다는 것으로 절충설의 입장을 취하고 있는 것으로 평가할 수 있다. 한편 절차적 하자의 중대성에 대한 판단기준에 관하여 판례가 "납세자의 절차적 권리를 침해한 것으로서 과세처분의 효력을 부정하는 방법으로 통제할 수밖에 없는"지 여부를 제시하고 있는 점은 향후 구체적 사례를 통하여 권리구제의 범위를 넓힐 가능성을 시사하고 있다고 하겠다(대법원 2016. 4. 15. 선고 2015두52326 판결). 판례는 중복조사는 중대한 하자에 해당한다고 보고, 이를 기반으로 이루어진 부과처분은 위법하여 취소되어야 한다는 입장을 보이고 있다(대법원 2006. 6. 2. 선고 2004두12070 판결).

위법한 세무조사에 대해서는 행정소송법상 집행정지제도를 활용하여 사전적 통제가 활성화되어야 한다. 그러나 세무조사의 특성상 위법한 세무조사에 대한 사전적 통제가 실효적이지 않을 수 있는바, 그로 인한 과세처분을 유효하다고 판단한다면 과세관청의 위법한 세무조사를 실질적으로 통제하기 어렵게 된다. 세무조사 과정에서 발생하는 모든 절차적 위법에 대하여 곧바로 과세처분의 유효성을 부인하는 결론을 도출할 수는 없겠으나, 과세처분의 효력을 부정하는 것이 납세자의 권리구제와 세무조사에 대한 사법적 통제를 위하여 필수적인지의 여부를 살펴 그 범위를 확장하는 것이 바람직하다고 생각된다.

나. 위법한 세무조사로 확보한 과세자료의 증거능력

근거과세의 원칙에 따라 납세의무자가 세법에 따라 장부를 갖추어 기록하고 있는 경우에는 해당 국세 과세표준의 조사와 결정은 그 장부와 이와 관계되는 증거자료에 의하여야 한다(국세기본법 제16조). 과세관청은 신고 내용의 오류 및 탈루가 있는 경우 과세표준 및 세액을 경정할 수 있고, 이는 장부 또는 기타 증빙서류를 근거로 하여야 한다(법인세법 제66조, 소득세법 제80조 등). 한편 세무조사 과정에서 수입금액 또는 소득의 누락을 확인할 수 있는 자료는 세금을 부과할 근거가 되며, 이러한 자료에는 세무조사 시 사실확인을 위하여 납세자로부터 받는 확인서나 세무조사 과정에서 납세자로부터 확보한 자료가 해당된다고 할 수 있다. 이와 같이 세무조사로 확보한 과세자료가 광범위하게 과세근거가 될 수 있어 그 남용을 방지할 필요가 있는바, 세무조사 과정에서 납세자의 의사에 반하여 작성된 확인서나, 절차적 요건에 위배하여 납세자의 의사에 반하여 확보한 서류는 납세자의 기본권을 침해한 것으로서 증거능력이 부인되어야 할 것이다. 한편 일반조사에서 확보한 자료를 조세범칙조사로 전환된 경우에도 그대로 사용할 수 있는지가 문제되는데, 질문검사권의 행사로써 획득한 자료는 조세포탈 형사사건의 증거로 사용될 수 없다고 할 것이다.[71] 특히 조사공무원이 조세범칙조사로 전환되기 이전에 납세자를 상대로 작성한 문답서 및 녹취록은 위법하게 수집된 증거이므로 피고인의 동의 여부에도 불구하고 증거능력이 인정되어서는 안 된다고 할 것이다.

다. 국가배상청구

위법한 세무조사로 인하여 납세자가 손해를 입은 경우 국가배상청

71 김영란, 앞의 논문, 125면.

구가 가능한지가 문제된다. 이에 대해서는 세무조사 과정에서 공무원
이 고의 또는 과실로 법령을 위반하여 손해를 입힌 경우, 세무조사 또
는 그로 인한 과세처분의 효력이 선결문제인지에 대하여 논란이 있다.

　선결문제란 어떤 소송의 관할법원이 판결을 하기 위한 전제로 미
리 결정해야 할 문제로, 그 문제의 결정이 원래 다른 법원의 권한으로
되어 있는 것을 말한다. 위법한 행정처분으로 인한 국가배상청구소송
을 담당하는 법원에게 그 처분의 위법성에 대한 판단이 선결문제가 될
수 있다. 이 경우 처분의 위법성에 대해 국가배상소송 관할법원이 독
자적으로 결정할 수 있는가, 아니면 취소쟁송 관할법원만이 이에 대해
결정권을 가지고, 따라서 국가배상소송 담당법원은 일단 소송진행을
취소쟁송법원에서 처분의 위법성에 대해 결정할 때까지 중단해야 하
는가의 문제가 된다.

　이러한 선결문제에 대해 현재의 다수설은 행정행위의 효력유무가
선결문제로 되는 것이 아니라 단순히 행정행위의 위법성만이 문제되
는 국가배상소송에서는 관할법원이 문제가 된 행정행위의 위법성을
독자적으로 판단할 수 있다는 적극설의 입장을 취하고 있다. 이에 대
하여 소수설은 행정행위가 당연무효가 아닌 한 국가배상소송을 담당
하는 법원은 그 행정행위의 위법성을 스스로 심리·판단할 수 없다는
소극설의 입장을 보이고 있다. 판례는 적극설의 입장을 취하여 국가배
상소송 관할법원은 취소쟁송 관할법원과 전혀 관계없이 독자적으로
행정행위의 위법성을 판단할 수 있다고 보고, 국가배상책임을 인정하
고 있다.

　국가배상은 공무원의 위법한 직무집행 행위로 인하여 타인에게
손해를 입힌 경우에 국가가 이를 배상하도록 규정하고 있는바, 행정처
분의 효력유무는 선결문제가 되지 않는다고 생각된다. 세무조사 자체
나 그 과정에서 공무원의 고의·과실에 의한 불법행위로 손해가 발생

하였을 경우에는 세무조사나 그로 인한 과세처분의 효력을 따질 필요
없이 그 행위 자체의 위법성에 대한 판단을 통하여 국가배상을 받을
수 있다고 할 것이다. 다만 이 경우 손해의 범위는 별도로 불법행위와
상당인과관계가 인정되는 것이어야 하므로 반드시 부과처분액과 일치
하는 것은 아니라 할 것이다.

Ⅵ. 결 론

세무조사는 범칙조사가 아닌 한 납세자의 협조와 동의를 전제로
하는 간접강제방식으로 이루어진다. 조사 과정에서 충분한 설명과 이
해를 바탕으로 납세자의 협력을 이끌어 내야 하는 것이다. 그러나 실
무상 강요에 의한 납세자의 형식적 동의 하에 절차가 무시된 채 광범
위한 자료의 수집이 이루어지는 사례가 있다. 납세자의 권익보호를 위
한 절차적 규정들이 마련되어 있지만, 현실적으로 잘 준수되고 있다고
평가하기는 힘들다. 조사권의 남용으로부터 납세자의 권익을 보호하기
위해서는, 조사자와 납세자가 대등한 관계에서 조사가 이루어질 수 있
도록 조력을 받을 권리가 실질적으로 보장되어야 하고, 위법한 세무조
사에 대한 구제수단이 사전적·사후적으로 다양하게 인정되어야 한다.

行政調査의 司法的 統制方案 硏究

공정거래조사의 사법적 통제방안

Ⅰ. 들어가며

「독점규제 및 공정거래에 관한 법률」(이하 '공정거래법')은 행정조사
기본법이나 국세기본법보다 행정조사에 관하여 피조사자에게 매우 불
리하게 규정하고 있다.

공정거래위원회의 조사권한이 형사처벌을 수반하는 등 세무조사
에 비해서도 강력하게 설정되어 있지만, 조사권 행사에 관하여 매우
추상적이고 포괄적인 규정만이 있는 반면, 조사의 대상이 되는 인적
범위 및 물적 범위, 조사의 수단, 조사의 방법, 조사의 절차 등에 관한
가장 기본적인 요소마저도 법률상 전혀 규정되어 있지 않다. 구체적인
조사절차에 대하여는 공정거래위원회의 행정규칙인 고시에 전적으로
위임하고 있으나, 공무원의 자의적인 조사권한을 통제하기에는 미흡하

다는 문제점이 지적된다.

이하에서는 공정거래위원회 조사의 법적 근거와 운영실태를 설명하고, 문제점과 개선방안을 현행법의 해석과 입법론의 측면에서 검토해 보기로 한다.

Ⅱ. 공정거래조사의 법적 근거 및 운영실태

1. 공정거래조사의 법적 근거와 내용[72]

가. 조사권의 발동

공정거래법은 "공정거래위원회는 공정거래법에 위반한 혐의가 있다고 인정할 때에는 직권으로 필요한 조사를 할 수 있다(공정거래법 제49조 제1항)"라고 포괄적이고 추상적 규정만을 두고, 제55조의2에서 "이 법의 규정에 위반하는 사건의 처리절차 등에 관하여 필요한 사항은 공정거래위원회가 정하여 고시한다."고 규정하여 법률에서 곧바로 고시에 대부분의 사항을 위임하고 있다. 이에 따라 공정거래위원회는 「공정거래위원회 조사절차에 관한 규칙」에 사건의 처리절차를 규정하여 운용하고 있다.

이러한 위임방식의 위헌성 여부가 다투어진 적이 있으나, 판결은 대체로 공정거래법상 사건처리절차의 위임형식이 합헌이라는 전제하에 이루어지고 있다. 하지만, 헌법에서 요구하는 적법절차의 보장은 그 기본을 법률로 규정하여야 하는 것이고, 그것이 준사법절차에 관한 내용이라면 더욱 같은 백지위임은 위헌의 소지가 있다. 민사소송법이나 형사소송법이 직접 법률에서 대부분의 절차를 상세하게 규정하고 있는 것과 대비된다. 국회에서 직접 조사절차에서 권리보호가 내실화될 수 있는 방안을 검토하고 이를 공정거래법에 명시하는 것이 바람직하다.

---

72 김남욱, "공정거래위원회의 강제조사권", 「토지공법연구」 제17집, 2003, 236면.

한편 행정규칙은 당해 법령의 위임한계에서 벗어나지 아니하는 한 그것들과 결합하여 대외적인 구속력이 있는 법규명령으로서의 효력을 가지게 되므로, 공정거래법의 위임에 따라 만들어진 「공정거래위원회 조사절차에 관한 규칙」은 법규성이 있다고 할 것이다.

나. 조사권의 내용

(1) 조사처분권

공정거래위원회는 법 위반사실의 조사를 위하여 ① 당사자, 이해관계인 또는 참고인의 출석 및 의견의 청취, ② 감정인의 지정 및 감정의 위촉, ③ 사업자, 사업자단체 또는 이들 임직원에 대해 원가 및 경영상황에 관한 보고, 기타 필요한 자료나 물건의 제출을 명하거나 제출된 자료나 물건의 영치 등의 처분을 할 수 있다(공정거래법 제50조 제1항).

(2) 현지조사권

공정거래위원회는 필요한 경우에는 그 소속공무원으로 하여금 사업자 또는 사업자단체의 사무소 또는 사업장에 출입하여 업무 및 경영상황, 장부·서류, 전산자료·음성녹음자료·화상자료 그밖에 대통령령이 정하는 자료나 물건을 조사하게 할 수 있으며, 대통령령이 정하는 바에 의하여 지정된 장소에서 당사자, 이해관계인 또는 참고인의 진술을 듣게 할 수 있다(공정거래법 제50조 제2항). 이때 조사를 하는 공무원은 그 권한을 표시하는 증표를 관계인에게 제시하여야 한다(공정거래법 제50조 제4항). 이와 같은 사업자 또는 사업자단체의 사무소, 사업장 또는 지정된 장소에서 조사를 하는 공무원은 사업자, 사업자단체 또는 이들의 임직원에 대하여 조사에 필요한 자료나 물건의 제출을 명하거나 제출된 자료나 물건을 영치할 수도 있다.

(3) 금융거래정보요구권

공정거래위원회는 공정거래법 제23조(불공정거래행위의 금지) 제1항 제7호의 규정에 위반한 상당한 혐의가 있는 내부거래 공시대상회사의 조사와 관련하여 금융거래관련정보 또는 자료(이하 '금융거래정보'라 한다)에 의하지 아니하고는 자금·자산·자산지원행위 등의 지원 여부를 확인할 수 없다고 인정하는 경우에는 다른 법률의 규정에 불구하고, ① 거래자의 인적사항, ② 사용목적, ③ 요구하는 금융거래정보의 내용 등의 사항을 기재한 문서에 의하여 금융기관의 장에게 금융거래정보의 제출을 요구할 수 있다(공정거래법 제50조 제5항). 이 경우 당해 금융기관의 장은 공정거래위원회가 요구하는 금융거래정보를 제공하여야 하고, 공정거래위원회가 요구하는 금융거래정보의 내용은 부당지원행위와 관련된 혐의가 있다고 인정되는 자의 금융기관과의 부당지원행위와 관련된 금융거래정보에 한한다.

다. 조사결과의 통지

공정거래위원회가 직권으로 조사를 하거나 신고내용에 관하여 조사를 한 경우에는 그 결과(조사결과 시정조치명령 등의 처분을 하고자 하는 경우에는 그 처분내용을 포함)를 서면으로 당해 사건의 당사자에게 통지하여야 한다(공정거래법 제49조 제3항).

2. 공정거래 『사건처리 3.0』에 따른 현장조사시 피조사자의 권리 보호 규정

공정거래위원회는 2016. 2. 4. 「공정거래위원회 조사절차에 관한 규칙」(이하 '조사절차에 관한 규칙')을 제정하여 특히 문제가 되고 있는 현장조사와 관련하여 피조사자의 보호를 위한 규정을 대폭 강화하였다. 주요 규정은 다음과 같다.

가. 조사공문 등의 교부를 통한 조사의 내용 사전 고지(조사절차에 관한 규칙 제6조)

조사공무원은 현장조사를 개시하기 이전에 피조사업체의 임직원

에게 조사기간, 조사목적, 조사대상, 조사방법, 조사를 거부·방해 또는
기피하는 경우 공정거래위원회 소관 법률상의 제재내용, 기재된 범위
를 벗어난 조사에 대해서는 거부할 수 있다는 내용, 조사단계에서 피
조사업체가 공정거래위원회 또는 그 소속 공무원에게 조사와 관련된
의견을 제시하거나 진술할 수 있다는 내용을 기재한 조사공문을 교부
하여야 하며, 이와 함께 조사 공문의 내용 및 피조사업체의 권리에 대
하여 상세히 설명하여야 한다.

조사공문에 기재되는 조사목적에는 관련 법 조항과 법위반혐의를
함께 기재하여야 하고 조사대상에는 피조사업체의 명칭과 소재지를
특정하여 구체적으로 기재하여야 한다. 다만, 공정거래법 제19조에 규
정한 부당한 공동행위 조사의 경우에는 법위반혐의의 기재 및 설명을
생략할 수 있다.

나. 조사장소의 제한(조사절차에 관한 규칙 제8조)

조사는 공문에 기재된 사업장의 소재지에 한정하여 실시하여야
한다. 다만, 기재된 사업장의 소재지가 조사목적에 부합하는 사업장이
아니거나 조사 과정 중에 소재지가 다른 사업장에서 조사목적에 부합
하는 법위반혐의가 발견되는 경우에는 해당 사업장을 특정한 별도의
공문을 교부한 후 조사를 실시할 수 있다.

다. 조사범위의 제한(조사절차에 관한 규칙 제9조)

조사공무원은 조사공문에 기재된 조사목적 범위 내에서 조사를 실
시하여야 한다. 다만, 조사과정 중 조사목적 범위 외 공정거래위원회
소관 법률 위반소지가 있다고 판단되는 자료를 발견하게 되는 경우에
는 해당 자료를 담당부서에 인계하는 등 적절한 조치를 하여야 한다.

라. 변호인의 조사과정 참여권 보장(조사절차에 관한 규칙 제13조)

조사공무원은 피조사업체의 신청이 있는 경우 원칙적으로 피조사
업체가 선임(피조사업체 소속변호사 포함)한 변호사 등 변호인을 조사 전

과정(진술조서나 확인서 작성 포함)에 참여하게 하여야 한다.

마. 조사기간의 제한(조사절차에 관한 규칙 제15조)

조사공무원은 제6조의 조사공문에 기재된 조사기간 내에 조사를 종료하여야 한다. 다만, 조사기간 내에 조사목적 달성을 위한 충분한 조사가 이루어지지 못한 경우에는 피조사업체의 업무 부담을 최소화할 수 있는 범위 내에서 조사기간을 연장할 수 있으며, 이 경우 연장된 조사기간이 명시된 공문서를 피조사업체에게 교부하여야 한다.

바. 조사종료 후 애로사항 청취(조사절차에 관한 규칙 제16조)

사건담당부서장은 현장조사가 종료되면 피조사업체로부터 현장조사 시 애로사항 등에 대하여 청취하여야 하고 문제점을 발견한 경우에는 개선방안을 마련하여 향후 현장조사 등에 반영되도록 노력하여야 한다. 피조사업체는 사건담당부서장에게 애로사항 등을 건의하기 어려운 사정이 있는 경우 감사담당관에게 직접 건의할 수 있으며, 감사담당관은 피조사업체의 건의내용에 대해 비밀을 유지하여야 한다.

3. 공정거래조사의 문제점

공정거래위원회가 부당내부거래조사 등과 관련하여 행사하는 출입검사권, 자료제출 명령권 및 영치권, 금융거래정보요구권 등은 법원의 영장의 발부 없이 이루어지는데, 이는 검찰의 압수수색보다도 더 광범위하다고 할 수 있다. 공정거래위원회의 권력적 행정조사의 경우 상대방의 신체나 재산에 직접 실력을 가하는 것이고, 행정조사의 결과가 형사책임의 추궁과 직접적인 관련성을 가지고 있음에도 조사 개시의 요건이 불명확하다. 공정거래위원회의 조사권은 본질적으로 강제조사권이 아니고 세무조사와 같이 거부행위에 대하여 과태료부과 등 간접강제의 수단을 사용하고 있었으나, 공정거래법 개정을 통해 조사방해 또는 기피행위에 대하여 형사처벌까지 규정함으로써 강제조사권처

럼 운용되고 있다. 피조사자의 협조와 동의 하에 이루어져야 하는 조
사에 대하여 조사거부에 대한 불이익을 앞세워 사후에 형식적 동의를
얻어내기도 한다.

　　공정거래법은 "조사공무원은 이 법의 시행을 위하여 필요한 최소
한의 범위 안에서 조사를 행하여야 하며, 다른 목적 등을 위하여 조사
권을 남용하여서는 아니 된다."고 규정하고 있고(공정거래법 제50조의2),
조사절차에 관한 규칙상 현장조사 시 조사목적 등을 기재한 조사공문
을 교부하도록 하였으나, 여전히 조사의 개시 및 조사권 남용에 관한
통제수단이 미흡하고, 규칙이 준수되고 있는지 의문일 뿐만 아니라 위
반시 제재규정도 마련되어 있지 않다.

　　과도한 조사기간이 문제가 되기도 하는데 법위반행위가 나올 때
까지 조사를 한다는 비판이 제기되기도 하고, 또한 정부의 경제정책
(예: 물가안정)을 위한 간접적 압박수단으로 활용된다거나 행정지도(예:
모범거래기준)을 위한 간접적 압박수단으로 활용된다는 비판이 제기되
기도 한다.[73] 사법통제가 반드시 필요하다고 생각되는 중요한 이유 중
의 하나이다.

Ⅲ. 공정거래조사의 위법성 판단기준

1. 조사의 원칙

　　공정거래법은 조사권이 최소한의 범위 안에서 시행되어야 하고,
다른 목적 등을 위하여 남용되어서 아니 된다고 규정하고 있다. 한편
행정조사기본법상 행정조사의 기본원칙은 특별한 규정이 없는 이상
공정거래조사에 관한 사항에도 적용되는데(행정조사기본법 제3조 제1항,

---

73 조성국, "피조사기업의 절차적 권리보장에 관한 주요 쟁점", 서울대학교 경쟁
　법센터 「경쟁과 법」 제6호, 2016, 18면.

제3항), 행정조사기본법 제4조는 행정조사의 기본원칙에 대하여, ① 행정조사는 조사목적을 달성하는 데 필요한 최소한의 범위 안에서 실시하여야 하며, 다른 목적 등을 위하여 조사권을 남용하여서는 아니 되고, ② 행정기관은 조사목적에 적합하도록 조사대상자를 선정하여 행정조사를 실시하여야 하며, ③ 행정기관은 유사하거나 동일한 사안에 대하여는 공동조사 등을 실시함으로써 행정조사가 중복되지 아니하도록 하여야 한다고 규정하고 있다.

이는 목적의 정당성, 수단의 상당성 내지 방법의 적정성, 침해의 최소성과 법익의 균형성을 내용으로 하는 헌법상 비례의 원칙이 행정조사에 적용됨을 규정한 것이며, 공정하고 평등한 조사권의 행사와, 조사권 남용의 금지, 중복조사금지를 규정한 것으로 볼 수 있다. 따라서 조사는 공정거래법과 조사절차에 관한 규칙 이외에도 행정조사기본법상의 비례의 원칙을 준수하고, 공정하고 평등하게 행사되어야 한다.

2. 절차상 위법성 판단기준

가. 조사 대상자의 선정, 개시과정의 위법성 판단

공정거래법은 공정거래법 위반의 혐의가 있다고 인정하는 때에는 조사를 개시할 수 있고, 법의 시행을 위하여 필요하다고 인정할 때에는 조사 등의 처분을 할 수 있도록 규정하면서 그 범위, 정도, 한계 등에 관하여 명확한 규정을 하고 있지 않아 조사공무원에게 상당한 재량을 인정하고 있다. 이에 따라 구체적인 경우 재량권의 한계에 대한 검토가 필요하다.[74]

공정거래법에 의한 조사는 "사업자의 시장지배적 지위의 남용과

---

[74] 특히 수시선정에 의한 세무조사 대상자선정의 경우 세원정보팀의 세원정보자료 수집분석 등을 통하여 선정되는데, 과학적 시스템에 의한 선정보다 실적 등을 감안하여 선정하는 경우가 많아 세무공무원의 주관적인 판단이 개입될 소지가 있다고 한다(김영란, 앞의 논문, 94면).

과도한 경제력의 집중을 방지하고, 부당한 공동행위 및 불공정거래행
위를 규제하기 위한" 법의 시행을 위하여 필요한 최소한의 범위 안에
서 이루어져야 하는 것이므로 "공무원이 법의 시행을 위하여 필요하다
고 인정할 때"를 판단함에 있어서도, 행정행위의 적법성 판단에 관한
일반기준인 비례의 원칙에 따라 재량권의 일탈·남용 여부를 판단하여
야 할 것이다.

나. 조사과정에서의 위법성 판단

조사공무원이 조사를 실시하는 과정에서 조사권의 남용을 방지하
고, 피조사자의 기본권을 보장토록 운영하기 위해서 조사절차에 관한
규칙에 여러 조항을 마련하고 있다. 위 규칙은 공정거래법의 직접적인
위임에 따라 규정된 것으로서, 그 형식이 행정규칙인 고시로 되어 있
으나 법규성이 인정되므로 조사가 위 규칙에 위반하여 이루어진 경우
에는 위법하다고 할 것이다. 그 외에도 조사과정에서 행정법상 기본원
칙인 평등원칙이나 비례의 원칙을 위반하거나, 재량권을 일탈·남용한
경우에는 위법하게 될 것이다.

조사의 내용 사전 고지, 조사장소, 범위의 제한, 변호인의 조사참
여권 보장 규정을 위반한 경우에는 피조사자의 방어권을 보장하기 위
한 기본적 절차를 위반한 것으로서 위법하게 된다.

공정거래법은 국세기본법과 달리 조사공무원이 조사목적으로 피
조사자의 자료 또는 물건을 공정거래위원회에 임의로 보관하는 것을
금지하는 규정을 두고 있지 않고, 다만 증거인멸의 우려가 있는 경우
에만 이를 영치할 수 있도록 시행령에 제한규정을 두고 있다(공정거래
법 제50조 제3항, 시행령 제56조 제2항). 그러나, 공정거래조사는 본질적으
로 강제조사가 아니므로 피조사자의 의사에 반하여 자료나 물건의 제
출을 강제할 수는 없다. 만일 조사공무원이 자료나 물건의 제출을 명
하여 그에 따라 피조사자가 임의 제출한 것이 아니라, 조사공무원이

임의로 자료를 수색하여 영치한다면 위법하다고 할 것이다.

Ⅳ. 조사에 대한 사법적 통제방안과 개선방안

1. 법률에 의한 조사절차 규정

공정거래 『사건처리 3.0』에 따른 현장조사 시 피조사자의 권리보호 규정으로 조사절차에 관한 규칙이 제정되어 있다. 피조사자의 권리보호를 위하여 종전보다 진일보한 내용을 규정하고 있으나, 조사의 개시와 조사과정에서 피조사자의 권리보호에 미흡한 점이 많다. 공정거래 조사가 실질적으로 영장에 의한 형사절차의 압수수색보다도 광범위하게 행사되는 현실에서 조사절차를 공정거래위원회의 고시에 백지위임하는 것은 바람직하지 않다. 조사절차에 관한 규정들을 법률로써 규정하고, 피조사자 권리보호규정을 대폭 강화할 필요가 있다.

2. 사전적 통제방안

가. 조사의 내용 사전 고지

조사절차에 관한 규칙상 조사공무원은 현장조사를 개시하기 이전에 피조사업체의 임직원에게 조사기간, 조사목적, 조사대상, 조사방법, 기재된 범위를 벗어난 조사에 대해서는 거부할 수 있다는 내용 등을 기재한 조사공문을 교부하여야 하며, 이와 함께 조사 공문의 내용 및 피조사업체의 권리에 대하여 상세히 설명하여야 한다. 강제조사권의 행사가 아니라 피조사자의 협조와 동의를 필요로 하는 조사인 점에 비추어 보면 당연한 규정이다. 조사공문에 기재되는 조사목적에는 관련법 조항과 법위반혐의를 함께 기재하여야 한다. 다만, 공정거래법 제19조에 규정한 부당한 공동행위 조사의 경우에는 법위반혐의의 기재 및 설명을 생략할 수 있다. 사전고지 시기에 대해서는 명시하지 않고 있으나, 조사내용의 사전고지는 조사과정에서 피조사자의 권리를 보호하기 위한 기본적 절차이고, 그로부터 조사범위의 확인, 변호인의 참여권 등 실질적인 권리보호제도가 작동할 수 있다는 점을 고려한다면 상당한 기간을 두고 사전고지가 이루어져야 할 것이다. 법위반혐의의 기재 및 설명을 생략할 수 있는 경우는 예외적이어야 하므로 이는 엄격하게 해석되어야 하고, 부당한 공동행위 조사로 인하여 이를 생략한다는 취지가 설명되어야 할 것이다.

조사범위를 벗어난 조사는 피조사자가 거부할 수 있다(조사절차에 관한 규칙 제6조). 조사범위가 불명확하다면 피조사자가 그 범위의 확정을 요구할 수 있어야 하고, 조사목적이나 법위반혐의와 관련성을 설명 들을 수 있어야 하며, 이를 위해서 필요한 경우 즉시 변호인의 조력을 얻을 수 있어야 한다. 조사요건에 맞지 않는 조사행위는 위법하며, 이를 거부하였다고 하여 과태료 부과처분의 대상이 되거나, 조사방해로 인정되어 형사처벌의 대상이 되어서는 안 된다.

나. 조사결정에 대한 항고소송과 집행정지

조사결정 자체에 위법이 있다면 그로 인한 시정조치명령이나 과징금 부과처분까지 기다리지 않고 조사 자체에 대한 행정소송을 제기할 수 있어야 한다. 과징금 부과처분 등이 이루어진 다음에는 그에 대하여 행정소송을 제기하거나, 행정소송과는 별도로 위법한 조사행위에 대하여 민사소송이나 형사고소 등의 절차를 밟을 수도 있겠으나, 조사행위의 위법사유가 처분의 효력을 완전하게 무효로 만들기 어려운 점이 있으므로 즉시 조사 자체를 대상으로 행정소송 등의 법적 구제를 취해야 할 필요성이 있다.

이 경우 중간행위로서 조사결정의 처분성이 문제되는데, 판례는 세무조사결정처분에 대하여 처분성을 인정하였는바,[75] 공정거래위원회

| 75 대법원 2011. 3. 10. 선고 2009두23617, 23624 판결.

의 조사결정 역시 권력적 행정조사이고 상대방에 대하여 수인의무를
부과하며, 피조사자로 하여금 개개의 과태료 처분에 대하여 불복하기
나 조사 종료 후의 과징금부과처분에 대하여만 다툴 수 있도록 하는
것보다는 그에 앞서 조사결정에 대하여 다툼으로써 분쟁을 조기에 근
본적으로 해결할 수 있는 점 등을 종합하면, 조사결정은 피조사자의
권리·의무에 직접 영향을 미치는 공권력의 행사에 따른 행정작용으로
서 항고소송의 대상이 된다고 할 것이다.

조사결정의 처분성을 인정하여 항고소송의 대상으로 허용할 경우
당연한 논리적 귀결로서 행정소송법상 집행정지가 허용된다. 취소소송
의 제기는 처분 등의 효력이나 그 집행 또는 절차의 속행에 영향을 주
지 않으므로, 항고소송이 진행되는 동안 조사가 종결되면 소의 이익이
부정될 수 있기 때문에 조사결정에 대한 실질적 구제가 이루어지기 위
해서는 집행정지가 필수적이다. 집행정지의 요건인 회복하기 어려운
손해를 예방하기 위한 긴급한 필요성이 있는지와 관련해서는 피조사
자의 영업의 자유, 인격권이나 프라이버시권이 침해되는지 여부에 대
한 심리가 필요할 수 있다.

다. 부작위청구소송과 가처분 제도의 도입

위법한 행정조사에 대하여 피조사자는 예방적부작위청구소송을
제기하여 이를 저지할 수 있을 것인데, 우리 대법원은 이러한 소송형
태에 대하여 소극적인 입장이다. 국민의 권리보호확대의 관점에서 당
사자소송의 한 형태로 예방적부작위청구소송을 도입하는 것을 전향적
으로 검토할 필요가 있다. 이 경우에는 그에 따른 가처분으로 조사절
차의 금지가처분을 구할 수 있을 것이다.

라. 피조사자 보호관제도의 도입

국세기본법은 제81조의16에서 "국세청장은 직무를 수행함에 있어
납세자의 권리가 보호되고 실현될 수 있도록 성실하게 노력하여야 한

다"고 규정하는 한편, 납세자의 권리보호를 위하여 국세청에 납세자 권리보호업무를 총괄하는 납세자보호관을 두고, 세무서 및 지방국세청에 납세자 권리보호업무를 수행하는 담당관을 각각 1인을 두도록 하였다. 그러나 공정거래법은 조사권의 행사에 대해서는 매우 추상적이고 불명확한 규정을 두는 한편 조사방해행위에 대해서는 형사처벌까지도 도입하였으나, 조사권의 남용으로부터 피조사자를 보호하는 규정은 구체적으로 규성하지 않고 있다. 조사절차에 관한 규칙에서도 사건담당부서장이나 감사담당관에게 애로사항을 청취하도록 하고 있을 뿐이다. 이는 조사권의 남용으로부터 피조사자를 실질적으로 보호하기에는 대단히 미흡한 조치이다. 국세기본법상 납세자보호관과 같이 비교적 독립된 기관으로 하여금 피조사자의 권리를 보호하기 위한 제도를 도입하고, 구체적인 조사행위에 대한 심사를 통하여 조사행위의 시정, 조사중단 등 신속한 권리구제를 실현할 수 있도록 하는 것이 필요하다고 생각된다.

3. 사후적 통제방안

가. 위법한 조사에 의한 행정처분의 효력

공정거래위원회가 권한을 남용하여 위법하게 실력을 통하여 조사를 실시한 후 이를 기초로 후속 행정처분을 단행하는 경우 그 조사의 위법이 후속 행정처분에 승계되는가가 문제이다. 원칙적으로 위법한 행정조사로 인한 후속 행정처분에 승계된다. 공정거래위원회의 조사가 반드시 어떠한 행정결정에 필수적으로 요구되는 것이 아니고 단지 예비적 작용이라고 하여도 마찬가지이다. 특히 공정거래법이 조사를 필수적 절차로 규정하는 경우에는 그러한 위법한 조사를 통하여 얻은 자료 등이 정당한 것이라고 하여도 헌법상 보장하고 있는 적법절차에 위반되므로 후속 행정처분은 위법한 처분이 된다.[76]

| 76 김남욱, 앞의 논문, 239면.

나. 위법한 조사로 확보한 자료의 증거능력

공정거래위원회의 조사로 확보한 자료나 물건은 행정처분의 근거가 될 뿐만 아니라 형사소추의 증거로 사용될 가능성이 있어 그 남용을 방지할 필요가 있다. 조사절차에 관한 규칙에 위배하여 수집된 자료나 물건은 법규에 위배되어 수집된 것으로서 증거능력이 부인되어야 할 것이다. 나아가 압수수색영장에 의하지 아니하고 수집된 자료들은 형사절차에서 피고인이 동의하지 않는 이상 그 증거능력을 인정하지 않아야 할 것이다.

형사소추의 과정에서 특히 문제되는 것은 조사공무원이 피조사자를 상대로 작성한 문답서가 피조사자에 대하여 제기된 공소사실의 증거가 될 수 있는지 여부이다. 공정거래위원회 소속 조사공무원은 특별사법경찰관리로 볼 수 없어 수사기관이라 할 수 없고, 법률상 수사의 권한도 인정되지 않는다. 그럼에도 불구하고 피조사자를 출석시키거나 전화통화 등의 방법으로 조사하는 행위는 권한 없는 기관의 수사행위이고, 그 과정에서 작성된 문답서 및 녹취록은 위법하게 수집된 증거이므로 피고인의 동의 여부에도 불구하고 증거능력이 없다고 할 것이다.[77]

다. 국가배상청구

위법한 조사로 인하여 피조사자가 손해를 입은 경우 국가배상청구가 가능한지가 문제된다. 이에 대해서는 조사과정에서 공무원이 고의 또는 과실로 법령을 위반하여 손해를 입힌 경우, 조사 또는 그로 인한 과징금 부과처분 등의 효력이 선결문제인지에 대하여 논란이 있을 수 있다.

국가배상은 공무원의 위법한 직무집행행위로 인하여 타인에게 손해를 입힌 경우에 국가가 이를 배상하도록 규정하고 있는바, 행정처분

---

77 서울중앙지방법원 2011. 1. 28. 선고 2010고합11 판결 참조.

의 효력유무는 선결문제가 되지 않는다고 생각된다. 조사 자체나 그 과정에서 공무원의 고의, 과실에 의한 불법행위로 손해가 발생하였을 경우에는 조사나 그로 인한 행정처분의 효력을 따질 필요 없이 그 행위 자체의 위법성에 대한 판단을 통하여 국가배상을 받을 수 있다고 할 것이다.

라. 행정법원 제1심 심급관할의 창설

공정거래법은 공정거래위원회의 심결에 대한 불복의 소는 공정거래위원회의 소재지를 관할하는 서울고등법원을 전속관할로 규정하고 있다(공정거래법 제55조). 대부분의 행정소송은 3심제로 되어 있음에 반하여 공정거래 소송은 2심제로 하고 있다. 그 논거로는 공정거래 사건은 대단히 전문적이고 복잡하기 때문에 경제분석 전문기관인 경쟁당국으로 하여금 경쟁제한성 등에 관한 1차적인 판단을 하도록 하고 법원은 경쟁당국의 사실판단을 존중하여 법률적인 판단을 내리는 것이 합리적이라는 것이다. 그리고 공정거래사건의 전문성으로 인해 2심제 하에서도 종결되기까지 4~5년 이상 소요되는 경우가 적지 않고, 경쟁질서를 너무 장기간 불안정한 상태에 두는 것은 바람직하지 못하다는 측면을 고려하여야 하며, 국민의 세금으로 소송을 수행하는 공정거래위원회나 자금력이 풍부한 대기업은 몰라도 중소기업이나 소비자는 시간, 비용 등 소송수행의 여력이 부족하기 때문에 3심제보다는 오히려 2심제가 낫다고 주장한다.[78]

그러나 공정거래법 위반의 형사사건이나 그로 인한 손해배상사건은 일반법원에서 제1심부터 심리를 하고 있다. 공정거래사건의 전문성은 행정법원의 전문성을 제고함으로써 해결할 수 있는 문제이지, 근본적으로 제1심을 건너뛰어야 할 사유가 되지 못한다. 뿐만 아니라 공정거래위원회의 준사법기관으로서의 역할도 의문시되는 상황이다. 공정

| 78 조성국, 앞의 논문, 22면.

거래위원회의 과징금부과 절차에서 당사자 또는 이해관계인은 처분 전에 의견진술의 기회를 부여받고 위원회의 회의에 참석하여 의견개진 또는 자료제출을 할 권리를 가질 뿐(공정거래법 제52조), 사법절차에서와 같은 증거조사절차나 변론절차는 법률상 전혀 보장되어 있지 않다. 민사소송법, 형사소송법 등이 실체적 진실발견을 위하여 채택하고 있는 증거법칙 같은 것도 역시 전혀 존재하지 않고, 부당한 처벌을 방지하기 위하여 형법 총칙이 마련하고 있는 여러 보장적 조치도 존재하지 않는다. 한편 실질적인 사실심으로 심리되어야 할 서울고등법원에서는 여러 사정으로 인하여 심리가 충실하게 이루어지지 않는다는 지적이 있다. 권리구제의 기간이 장기화된 것은 법원의 전문성의 부족으로 인한 것이 아니라 사건의 폭증으로 인한 업무부담 등 다른 사유에 기인한 측면이 더 크다. 결국 공정거래위원회의 처분에 대한 권리구제는 행정법원 제1심을 창설하여 강화된 사실심의 심리를 거치도록 하는 것이 구제의 실효성을 높일 수 있는 방안이 될 것이다.

마. 공정거래위원회 심리절차의 준사법절차화

공정거래위원회가 준사법기관으로서 인정받기 위해서는 공정거래위원회의 심리절차에 소송절차에서 부당한 처벌을 방지하고 실체적 진실발견을 위하여 채택하고 있는 기본적인 원칙들이 보장되어야 한다. 당사자에게 사실과 법률 모두에 관하여 충분한 변론의 기회를 보장하여야 하고, 증거제출과 설명이 가능하여야 하며, 진정성립이 담보되지 아니하거나 위법하게 수집된 증거의 증거능력이 제한되는 등 최소한의 적법절차는 법률의 규정으로 보장하여 준사법절차로서 충실화를 기할 필요가 있다.

V. 결 론

공정거래법상 조사는 형사소추로 이어질 수 있음에도 이에 관한 규정은 국세기본법이 규정하는 경우에 비하여 조사자의 권한은 강화시키는 반면, 피조사자의 권익을 보호하는 데에는 매우 미흡하다. 공정거래위원회의 고시인 조사절차에 관한 규칙에 규정된 조사절차상 피조사자의 권익보호를 위한 사항을 한층 강화하여 법률로써 규정할 필요가 있다. 규정만으로는 조사권의 남용을 방지하기 어려우므로 조사절차를 감시하고 즉시 시정할 수 있는 독립된 권익보호관제도의 도입도 고려되어야 한다. 조사규칙에 위반되어 수집된 증거의 증거능력은 부인되어야 하고, 특히 문답서나 녹취록은 피조사자에 대한 형사사건에서 증거능력이 부인되어야 한다. 조사의 개시 당시부터 조사의 목적과 범위를 명확히 고지하여 조사권이 남용되지 않도록 하여야 하고, 피조사자가 권익을 보호받을 수 있도록 변호인의 실질적 참여권이 보장되어야 하며, 공정거래위원회의 심리절차도 충분한 변론의 기회가 보장되도록 운영되어야 한다.

行政調査의 司法的 統制方案 研究

출입국관리법상 행정조사의 사법적 통제방안

I. 총 설

대한민국 헌법은 대한민국 국민에 대하여 거주이전의 자유를 보장하고 있다. 한편 거주이전의 자유는 인간으로서의 존엄과 가치를 누리며 행복을 추구하기 위하여 반드시 필요한 권리에 해당한다고 할 수 있다. 이러한 거주이전의 자유 속에는 해외이주의 자유와 입국의 자유가 포섭된다. 헌법재판소는 일찍이 헌법상 거주이전의 자유 속에는 국외에 체류지와 거주지를 자유롭게 정할 수 있는 해외여행 및 해외이주의 자유를 포함하고 대한민국의 국적을 이탈할 수 있는 국적 변경의 자유까지도 포함되며, 해외여행 및 이주의 자유 속에는 출국의 자유와 입국의 자유가 포함된다고 보았다.[79] 이러한 거주이전의 자유는 그 본

---

79 헌재 2004. 10. 28. 2003헌가18, 판례집 16-2하, 86.

질상 필연적으로 신체의 자유와 맞닿아 있다.[80] 신체의 자유는 다른 어떤 기본권보다도 사법통제가 중요하게 작용해야 하는 기본권 영역이라고 할 수 있다. 따라서 신체의 자유와 맞닿아 있는 거주이전의 자유를 규율하는 출입국관리법 역시 사법통제가 매우 중요하게 작용할 필요가 있는 영역이라고 할 것이다.

출입국관리법은 대한민국에 입국하거나 대한민국에서 출국하는 모든 국민 및 외국인의 출입국관리를 목적으로 하는 법률로서, 안전한 국경관리와 대한민국에 체류하는 외국인의 체류관리 및 난민(難民)의 인정절차 등에 관한 사항을 규율하는 것을 목적으로 하며(출입국관리법 제1조), 크게 출입국관리와 체류관리의 두 영역을 주된 대상으로 하고 있다. 난민 인정 문제의 경우 위 두 영역에 함께 포섭될 수 있는 문제이지만, 통상적인 출입국이나 체류와는 다른 특수한 요소가 많이 섞여 있는 영역이므로 이 부분을 독립적인 영역으로 분류하고 있는 것이 현행 출입국관리법의 체계라고 할 수 있다. 출입국의 관리에 관한 다른 규범으로는 여권법, 국적법 등을 들 수 있으나, '행정조사의 사법적 통제방안 연구'라는 이 연구의 주제와의 관련성을 고려하여 출입국관리법상의 단속, 조사, 보호(일시보호), 강제퇴거 등 일련의 절차에 있어서 사법통제가 필요한 분야와 가능한 절차 및 방안을 모색하는 것을 이 영역의 중점과제로 삼고자 한다. 좁게 본다면 출입국관리법상 조사 영역에 대해서만 사법통제방안을 모색할 수 있겠으나, 조사 이외에도 입·출국 금지나 보호처분에 대한 이의신청과 그 결정, 심사 등의 절차는 넓게 보아 사실관계와 법률적 쟁점을 조사하여 행정처분을 내리는 행정작용의 범주에 포함된다고 볼 수 있기 때문이다.

80 김대환, "거주이전의 자유", 「토지공법연구」 제37집 제2호, 2007, 198면; 이재상, "출입국관리법상의 외국인에 대한 강제퇴거와 보호에 관한 연구", 「토지공법연구」 제59집, 2012, 251면에서 재인용.

행정주체의 권한에 속하는 영역에 대한 사법통제방안의 모색은 다른 행정규범과의 전체적인 체계를 고려하여 정합성을 유지할 필요가 있을 것이나, 해당 행정작용의 속성이 이미 사법통제의 대상으로 되어 있는 다른 행정작용(수사행위 포함)과 본질적으로 차이가 없거나 매우 유사한 경우에는, 이미 그러한 모델을 출입국관리법의 동일·유사한 행정영역에도 그대로 적용할 수 있을 것이다. 물론 이리한 적용이 해석론만으로 가능할 것인지는 의문이 있다. 현행 출입국관리법이 기본적으로 사법통제에 친숙하지 않은 영역으로 남아 있었기 때문에 사법통제방안의 모색은 불가피하게 현행 출입국관리법에 대한 개정론을 수반하게 된다. 이 연구에서 해석론만으로 적절한 사법통제가 불가능하다고 판단하는 경우에는 현행 출입국관리법에 대한 개정론도 제시할 필요가 있다고 본다.

이하에서는 위와 같은 관점에 따라 출입국관리법이 규정하고 있는 여러 행정작용들과 동일 또는 유사한 행정작용임에도 불구하고 출입국관리법과 달리 사법통제가 이루어지고 있는 행정작용들을 기준 삼아, 출입국관리법상 여러 행정작용들에 대한 사법통제의 가능성과 구체적 방안을 해석론과 입법론의 두 가지 관점에서 살펴보고자 한다.

Ⅱ. 출입국관리법상 행정작용에 대한 사법적 통제방안의 모색

1. 행정절차와 적법절차 보장

적법절차 보장의 원리는 헌법 제12조에서 도출되는 헌법상 기본원리로서 그 대상 영역은 형사절차에만 국한되는 것이 아니라 행정절차 일반에도 그대로 적용된다.[81]

적법절차 보장의 원리가 포섭하는 내용을 일의적으로 규정하기

| 81 헌재 1998. 5. 28. 96헌바4.

는 곤란하지만, 대체로 절차의 적법성, 절차의 공정성, 구체적인 법률
내용의 실체적 합리성, 실체적 공정성 등을 모두 포섭하는 것으로 볼
수 있다.[82] 출입국관리법상 행정처분 역시 적법절차의 원리가 적용되
어야 하는 영역임은 물론이다. 이러한 입장에서, 출입국관리법에 따
라 이루어지는 일련의 행정처분에 대하여 그 처분이 내려진 후 최종
적인 사법적 구제절차를 거칠 수 있을 뿐만 아니라, 그 처분을 내리
기 위한 조사절차나 심사절차, 처분의 집행절차의 각 단계에서도 시
의적절한 사법적 구제가 가능하여야 한다고 본다. 이러한 관점을 출
입국관리법에 대한 사법적 통제방안을 모색함에 있어서 기본적인 원
칙을 삼고자 한다.

　　다만, 적법절차의 원리가 출입국관리법상 행정절차에도 그대로 적
용되어야 한다는 입장에서 변호인의 조력을 받을 권리도 적법절차 보
장의 원리와 마찬가지로 출입국관리법상 모든 절차에 그대로 적용될
수 있을 것인지 여부는, 더 논의가 필요하다. 적법절차의 원리 속에 변
호인의 조력을 받을 권리도 포함된다고 보고 있는 견해도 있으나,[83]
체포나 구속 등 형사소송 절차를 넘어선 모든 행정작용에서 실정법상
근거규정도 없이 변호인의 조력을 받을 권리가 그대로 보장되는 것인
지에 대해서는 의문이 있다. 외국의 입법례를 보더라도 행정작용의 영
역에서는 정책적 필요성이라는 합목적적 고려를 반영하여 사법작용의
영역에 비하여 변호인의 조력을 받을 권리가 상대적으로 약하게 보장
되고 있기 때문이다. 그러나 신체의 자유를 구속하는 강제처분이라는
점에서, 변호인의 조력이 보장되는 체포나 구속과 본질적으로 동일한
행정작용의 영역에 대해서는 원칙적으로 변호인의 조력을 받을 권리
가 보장되어야 한다고 볼 것이다.

---

82 헌재 1993. 7. 29. 90헌바35; 헌재 1992. 12. 24. 92헌가8.
83 법제처, 『헌법주석서 I』, 2007, 447면 각주 67 참조.

이러한 관점에 따른다면 출입국관리법에 따라 발하여지는 행정상 강제처분 중 보호조치(긴급보호, 일시보호 포함)에 대해서는 원칙적으로 변호인의 조력을 받을 권리가 보장된다고 보아야 한다. 그러나 각종 검사나 강제퇴거 등의 절차에는 법률에 명문의 규정이 없는 이상 변호인의 조력을 받을 권리가 액면 그대로 보장된다고 보기 어렵다. 이 부분은 입법론의 문제로 다루어야 할 것이다.

2. 연구대상 개관

출입국관리법상 행정력이 작용하는 영역을 살펴보면 대체로 ① 국민의 입출국 관련 영역, ② 외국인의 출입국 관련 영역, ③ 외국인의 체류 관련 영역의 세 가지 영역으로 나누어 볼 수 있다. 이 중 국민의 입출국 관련 영역에서는 주로 출국금지, 위조 여권의 보관, 북한이탈주민의 지위 등이 문제가 되며, 외국인의 출입국 관련 영역에서는 위조 여권의 보관 등이 문제가 된다. 사법통제의 필요성이 가장 집중적으로 거론되는 영역은 외국인의 체류 관련 영역으로서, 이 영역에서 이루어지는 단속, 조사, 보호, 일시보호, 강제퇴거 등 강제력을 수반하는 일련의 행정작용 전반에 걸쳐 사법통제의 필요성이 거론되고 있다. 이에 다음과 같이 각 영역별로 관련 규정을 개관하고, 문제점을 지적한 후 그 문제점에 대한 사법적 통제방안을 살펴보는 순서로 서술하고자 한다.

3. 국민의 입출국 관련

가. 출국금지 조치와 관련한 문제

(1) 관련 규정의 개관

법무부장관은 ① 형사재판에 계속(係屬) 중인 국민, ② 징역형이나 금고형의 집행이 끝나지 아니한 국민, ③ 1천만원 이상의 벌금이나 2

천만원 이상의 추징금을 내지 아니한 국민, ④ 5천만원 이상의 국세·
관세 또는 지방세를 정당한 사유 없이 그 납부기한까지 내지 아니한
국민, ⑤ 그밖에 이에 준하는 국민으로서 대한민국의 이익이나 공공의
안전 또는 경제질서를 해칠 우려가 있어 그 출국이 적당하지 아니하다
고 법무부령으로 정하는 국민에 대하여는 6개월 이내의 기간을 정하여
출국을 금지할 수 있고, 소재를 알 수 없어 기소중지결정이 된 국민
또는 도주 등 특별한 사유가 있어 수사진행이 어려운 국민에 대해서는
3개월 이내, 기소중지결정이 된 경우로서 체포영장 또는 구속영장이
발부된 국민에 대해서는 영장의 유효기간 이내, 그밖에 범죄 수사를
위하여 출국이 적당하지 아니하다고 인정되는 국민에 대하여는 1개월
이내의 기간을 정하여 출국을 금지할 수 있고(출입국관리법 제4조, 출입
국관리법 시행령 제1조의3), 출국금지기간을 초과하여 계속 출국을 금지
할 필요가 있다고 인정하는 경우에는 그 기간을 연장할 수 있다(출입국
관리법 제4조의2).

  이외에도 긴급한 사유가 있는 경우에는 수사기관이 출국심사를
하는 출입국관리 공무원에게 출국금지를 요청할 수 있으며(긴급출국금
지), 출국금지를 요청한 수사기관은 긴급출국금지를 요청한 때로부터
6시간 이내에 법무부장관에게 긴급출국금지의 승인을 요청하여야 한
다. 긴급출국금지의 승인을 요청하지 않거나 승인을 요청한 시점으로
부터 12시간 이내에 법무부장관의 승인을 얻지 못한 경우에는 법무부
장관이 출국금지를 해제하여야 한다(출입국관리법 제4조의6). 긴급출국금
지를 요청할 수 있는 긴급한 사유란 범죄 피의자로서 사형·무기 또는
장기 3년 이상의 징역이나 금고에 해당하는 죄를 범하였다고 의심할
만한 상당한 이유가 있는 피의자가 ① 증거를 인멸할 염려가 있거나,
② 도망하거나 도망할 우려가 있는 경우를 가리킨다(위 제4조의6 제1항).

  위와 같은 사유로 출국이 금지되거나 출국금지기간이 연장된 국

민은 출국금지결정이나 출국금지기간 연장의 통지를 받은 날 또는 그 사실을 안 날부터 10일 이내에 법무부장관에게 출국금지결정이나 출국금지기간 연장결정에 대한 이의를 신청할 수 있다. 이의신청을 받은 법무부장관은 이의신청을 받은 날부터 15일 이내에 이의신청의 타당성 여부를 결정하여야 하는데, 부득이한 사유가 있으면 15일의 범위에서 그 기간을 연장할 수 있다. 기간의 연장은 1회로 제한된다. 법무부장관은 이의신청이 이유 있다고 판단하면 즉시 출국금지를 해제하거나 출국금지 기간의 연장을 철회하여야 하고, 그 이의신청이 이유 없다고 판단하면 이를 기각하고 당사자에게 그 사유를 서면으로 통보하여야 한다(출입국관리법 제4조의5).

(2) 문제점

(가) 법무부장관이 출국금지를 하는 경우에는 출국금지의 사유별로 기간의 상한을 출입국관리법 제4조에서 규정하고 있다. 그런데 출국금지의 기간을 연장하는 경우에 그 연장의 횟수에 관하여는 아무런 규정도 두고 있지 아니하다. 이는 출국금지를 당한 국민의 기본권에 대한 필요 이상의 과도한 제한이 될 수 있다.

(나) 출국금지 조치에 대한 이의신청을 법무부장관에게 하도록 하는 것은 출국금지를 결정한 주체에게 다시 자신의 결정에 대한 재고를 요청하는 것이라는 점에서 실효성에 의문이 있고, 신속한 권리구제를 저해할 가능성이 있다.

(3) 개선방안

(가) 출국금지의 연장에 있어서 연장횟수의 상한을 법률에 규정할 필요가 있다. 이를 법률에 규정하지 않은 채 법무부장관에게 전적으로 일임하는 현재의 규정 체제에서는 그렇지 않은 경우에 비하여 법무부장관의 출국금지 기간에 관한 재량이 더 넓게 허용되고 그만큼 법무부장관이 취한 출국금지 연장조치의 위법·부당성에 대한 사법심사의 폭이 제한

될 수 있다. 사법심사의 폭이 제한된다면 제한되는 만큼 국민의 권리는 침해될 가능성이 커지고, 권리구제의 가능성은 줄어들게 되는 것이다.

(나) 출국금지조치를 발한 법무부장관에게 스스로 이의신청의 당부를 판단하도록 하는 것보다는, 행정심판위원회와 유사하게 법무부장관으로부터 독립적인 행정형 위원회를 구성하여 출국금지에 대한 이의신청의 당부를 판단할 수 있도록 할 필요가 있다. 해당 위원회는 민간전문가가 과반수를 점하도록 구성하여야 한다.

(다) 출국금지조치 자체가 행정처분의 성격을 갖는 이상 법무부장관에 대한 이의신청과 별도로 행정소송 등 쟁송이 가능할 것으로 보이므로, 입법적으로 출국금지에 대한 법원의 관여를 추가할 필요성은 크지 않은 것으로 보인다. 다만 "형사재판에 계속(係屬) 중인 국민"에 대한 출국금지의 필요성 여부는 해당 사건을 처리하고 있는 재판부가 가장 잘 파악할 수 있는 위치에 있고 이 경우에는 별도의 행정쟁송을 통하여 권리구제를 받는 것보다 해당 재판부에서 출국 허용 여부를 판단하는 것이 훨씬 더 신속한 권리 구제를 가능하게 한다고 할 것이므로, 해당 형사 사건이 계속 중인 법원이 출국을 허가하는 경우에는 출국이 가능하도록 단서를 추가하는 개정이 필요하다고 본다.[84]

나. 위조 등 여권의 보관과 관련한 문제

(1) 규정의 개관

출입국관리 공무원은 위조되거나 변조된 국민의 여권 또는 선원신분증명서를 발견한 경우에는 회수하여 보관할 수 있다(출입국관리법 제5조).

(2) 문제점

여권(선원신분증명서를 포함한다. 이하 같다)이 '위조되거나 변조된' 경우란 형법상 공문서의 위조 또는 변조에 해당하므로, 출입국관리 공무

---

84 정상희, "출입국관리법상 형사피고인에 대한 출국금지의 고찰", 서울지방변호사회 「변호사」 제44집, 2012, 581면 참조.

원이 '위조되거나 변조된' 여권을 회수하여 보관하는 것은 형사소송법
상 압수와 본질적으로 같은 성격의 행정행위이다. 출입국관리 공무원
은 출입국관리에 관한 범죄 및 이 범죄와 경합범 관계에 있는 형법 제
2편 제20장 문서에 관한 죄 및 같은 편 제21장 인장에 관한 죄에 해당
하는 범죄, 여권법 위반범죄, 밀항단속법 위반범죄에 관하여 특별사법
경찰관리의 직무를 수행한다(「사법경찰관리의 직무를 수행할 자와 그 직무
범위에 관한 법률」 제4조 제2항). 그리고 '위조되거나 변조된' 여권은 위
법률에서 정하는 '출입국관리에 관한 범죄 및 이 범죄와 경합범 관계
에 있는 형법 제2편 제20장 문서에 관한 죄 및 같은 편 제21장 인장에
관한 죄에 해당하는 범죄'와 관련된 물건에 해당한다. 특별사법경찰관
리가 위와 같은 범죄에 관련된 물건을 압수함에 있어서는 엄격한 영장
주의가 적용되고, 그 예외는 형사소송법 제216조부터 제218조에서 규
정하고 있는 특별한 경우로 제한된다. 그런데 특별사법경찰관리의 지
위를 갖는 출입국관리 공무원이 출입국관리법 제5조에 따라 '위조되거
나 변조된' 여권을 회수하여 보관하는 경우에는 현행법의 문언 하에서
는 위와 같은 영장주의가 적용되지 않게 된다. 본질적으로 같은 성격
의 행정작용임에도 불구하고 어느 법률을 적용하느냐에 따라 영장주
의 적용 여부가 달라지게 되는 것은 법체계의 정합성에도 부합하지 않
을뿐더러, 국민의 권리보호와 권리구제를 위해서도 적절하지 않다고
할 것이다. 출입국관리 공무원의 입장에서는 번거롭게 영장주의를 준
수하는 것보다는 출입국관리법에 따라 임의로 회수하여 보관하고자
할 가능성이 크므로, 영장주의가 형해화될 우려도 있다.

  (3) 개선방안
  출입국관리 공무원이 위조 또는 변조된 여권을 회수하여 보관하
는 경우에는 특별사법경찰관리의 직무를 수행하는 것으로 보아 형사
소송법에 따른 압수의 절차를 따르도록 하고, 그에 관하여 관련 절차

특히 영장주의를 엄격하게 준수하도록 규율할 필요가 있다. 이를 위해서는 현행 제5조를 삭제하는 방안도 고려하여야 한다. 제5조가 삭제된다면 형사소송법에 따라 압수해야 할 것인데, 그와 같이 규율한다고 하더라도 긴급압수 등을 활용할 수 있으므로 출입국관리업무에는 아무런 지장이 초래되지 않을 것이기 때문이다.

다. 북한이탈주민의 입국과 관련한 문제

(1) 규정의 개관

대한민국 밖의 지역에서 대한민국으로 입국하려는 국민은 유효한 여권을 가지고 입국하는 출입국항에서 출입국관리 공무원의 입국심사를 받아야 한다. 다만, 부득이한 사유로 출입국항으로 입국할 수 없을 때에는 지방출입국·외국인관서의 장의 허가를 받아 출입국항이 아닌 장소에서 출입국관리 공무원의 입국심사를 받은 후 입국할 수 있다. 만일 국민이 유효한 여권을 잃어버리거나 그 밖의 사유로 이를 가지지 아니하고 입국하려고 할 때에는 확인절차를 거쳐 입국하게 할 수 있다. 입국심사는 대통령령으로 정하는 바에 따라 정보화기기에 의한 입국심사로 갈음할 수 있다(이상 출입국관리법 제6조).

(2) 문제점

북한이탈주민의 경우 현행 국적법상 대한민국 국적을 가진 자에 해당하여 대한민국 국민이다. 물론 이러한 관점에 대해서는 다소 복잡한 논증이 필요하고, 국제법적으로는 「대한민국 국민」과 「조선민주주의인민공화국 공민」의 지위가 상호 충돌하는 문제가 발생할 수 있으나, 적어도 현행 대한민국 헌법 하에서 북한이탈주민은 대한민국 국적을 갖는다고 보아야 한다.[85] 대법원판례[86]도 같은 입장이다.

---

85 "북한이탈주민의 대한민국법상 지위의 문제는 먼저 북한주민의 대한민국법상 지위를 살펴보는 데에서부터 출발하여야 할 것이다. 북한주민이 대한민국 국민으로서의 지위를 갖는다면 북한이탈주민도 당연히 대한민국 국민으로서의 지위를 갖는다고 할 것이지만, 이와 달리 북한주민은 대한민국 국민으로서의

이와 같이 대한민국 국적을 갖는다고 보아야 하는 북한이탈주민

지위를 당연히 갖는 것이 아니라고 본다면 북한지역을 이탈한 북한이탈주민
역시 귀순 등 별도의 절차가 없이는 아직 대한민국 국민으로서의 지위를 취
득하지 못한 상태라고 볼 여지가 있기 때문이다. 북한주민의 대한민국법상
지위는 결국 북한주민의 대한민국 국적 인정 여부라고 할 수 있다. 국적이란
특정한 개인을 어느 특정한 국가에 귀속시키는 국제적 표준을 의미한다. 그
러므로 북한이탈주민의 지위를 국내법적으로 고찰해 보기 위해서는 이들이
대한민국의 국적을 가지느냐 여부가 관건이라고 할 것이기 때문이다. 북한법
은 북한법대로, 대한민국법은 대한민국법대로 국적에 관한 법률을 가지고 있
다. 북한 국적법은 1963. 10. 9. 제정되었는데 제1조 제1항에서 '조선민주주의
인민공화국 창건 이전에 조선의 국적을 소유하였던 조선인과 그의 자녀로서
본법 공포일까지 그 국적을 포기하지 않은 자'를 조선민주주의인민공화국의
공민으로 규정하고 있다. 이에 비하여 대한민국의 국민의 자격은 법률에 의
하여 결정되며(헌법 제2조 제1항), 이에 따라 제정된 국적법은 대한민국 국적
에 관하여 원칙적으로 혈통주의를 채택하고 있다(국적법 제2조). 다만 대한민
국 국적법은 혈통주의를 채택하면서도 국적법 제정 이전에 최초의 국적자의
범위를 정하기 위한 경과규정이 필요함에도 이를 결여하고 있다. 국적법의
모태가 된 미군정하 남조선과도정부법률 제11호「국적에관한임시조례」역시
국적에 관하여 혈통주의의 입장을 천명하고 있을 뿐 조례 제정 이전의 국적
지위 상속에 관한 경과규정을 두고 있지 않다. 그러나 일반적으로는 헌법전
문의 대한민국 임시정부의 법통을 계승하였다는 부분과 「대한민국 임시정부
헌법」제3조의 '대한민국의 인민은 원칙상 한국민족으로 한다.'고 규정하고
있는 부분을 종합하여 과거 대한제국의 후손은 전부 대한민국 국민의 자격을
갖는 것으로 보고 있다. 이 규정과 헌법 제3조의 영토규정 및 제4조의 평화통
일조항의 관계에 관한 특수관계설 내지 이중관계설을 종합할 경우 대내적으
로 북한이탈주민은 당연히 대한민국 국민으로서의 지위를 가진다고 할 것이
다." 본 연구위원이 2008년 국회 토론회에서 발표한 "재외탈북자의 국내법적
지위" 주제발표문에서 발췌.
86 "조선인을 부친으로 하여 출생한 자는 남조선과도정부법률 제11호「국적에관
한임시조례」의 규정에 따라 조선국적을 취득하였다가 제헌헌법의 공포와 동
시에 대한민국 국적을 취득하였다 할 것이고, 설사 그가 북한법의 규정에 따
라 북한국적을 취득하여 중국 주재 북한대사관으로부터 북한의 해외공민증을
발급받은 자라 하더라도 북한지역 역시 대한민국의 영토에 속하는 한반도의
일부를 이루는 것이어서 대한민국의 주권이 미칠 뿐이고, 대한민국의 주권과
부딪치는 어떠한 국가단체나 주권을 법리상 인정할 수 없는 점에 비추어 볼
때, 그러한 사정은 그가 대한민국 국적을 취득하고 이를 유지함에 있어 아무
런 영향을 끼칠 수 없다"(대법원 1996. 11. 12. 선고 96누1221 판결).

의 경우 출입국관리법 제6조 제2항 소정의 확인절차만으로는 이들의 입국절차를 제대로 규율하지 못하는 문제가 발생한다. 실제로 북한이 탈주민이 대한민국(=남한)에 입국하는 경우에는 제6조 제2항이 적용 되지 않는다. 이는 2010. 5. 14. 개정되어 2016. 9. 30.부터 전면 시행 하고 있는 출입국관리법 개정법률[87]에 의하더라도 마찬가지이다.

한편 북한이탈주민에 관한 지원을 규정하고 있는 「북한이탈주민 의 보호 및 정착지원에 관한 법률」에는 북한이탈주민이 대한민국에 입 국하는 경우에 6개월 이내의 범위에서 국가정보원이 운영하는 정착시 설(이른바 '북한이탈주민보호센터' — 과거의 합동신문센터를 개칭한 것 —)에 수용하여 조사활동을 벌이고 있는 부분에 관한 명확한 근거를 두고 있 지 않다. 단지 해당 법률 제10조 제1항 단서에서 국가정보원장이 별도 의 정착지원시설을 설치·운영할 수 있도록 하고 있을 뿐, 이와 같이 국가정보원장이 설치·운영하는 정착지원시설에 관하여 필요한 사항을 구체적으로 규정한 대통령령(위 법률 제10조 제4항 참조)도 존재하지 않 는다.[88] 한편 위 보호센터에서 이루어지는 조사활동은 그 합목적적 필 요성에도 불구하고 종종 인권침해 논란을 불러일으키고 있다. 대표적 인 사례가 '전 서울시 공무원 유우성 간첩조작사건'에서 유우성의 동생 유가려에 대한 강압조사 사례[89]이다.

북한지역을 이탈한 사람은 비록 헌법에 기초한 법리적 관점에서 는 대한민국 국민의 지위를 갖는다고 하더라도, 다른 법률이나 지금까 지의 실무상 적어도 하나원을 퇴소하기 전까지는 대한민국 국민으로

---

87 2016. 3. 29. 법률 제14106호로 일부개정된 것.
88 시행령에서 법률 제10조 제1항 단서에 따른 정착지원시설의 관리·운영에 대 해서는 국가정보원장이 정하는 바에 따른다고 규정하고 있을 뿐이다.
89 이 사례는 유우성에 대한 형사재판 과정에서 유가려에 대한 합신센터의 조사 가 강압적인 방법으로 이루어져 위법하였음을 이유로 유가려 진술의 증거능 력이 부정되었던 사례이고, 현재 유가려를 원고로 하는 국가배상청구소송이 진행 중이다.

서의 지위를 제대로 누리지 못하고 있다. 특히 국가정보원이 설치하고 운영하는 보호센터는 사실상 구금시설에 해당함에도 그 운영이나 수용되어 있는 북한이탈주민의 지위를 보호하기 위한 아무런 법적 장치가 결여되어 있다는 문제점이 있다. 이들에 대해서는 외부와의 교통이 철저히 차단되며 심지어 변호사의 접견조차 허용되지 않고 있는 것이 실태이다.

(3) 개선방안

북한이탈주민의 경우를 고려하여, 입국심사에 관하여 출입국관리법 제6조 제2항에 "다른 법률에 따라 입국이 허용되는 경우에는 그러하지 아니하다."라는 단서를 신설하는 것이 법체계의 완비를 도모한다는 관점에서 바람직할 것이다.

아울러 북한이탈주민이 대한민국(=남한)에 입국하면서 수용되는 보호센터에 대하여 법령에 그 운영기준 및 해당 시설에 수용되어 있는 북한이탈주민의 지위에 관한 구체적인 근거를 마련하여야 할 것이다. 북한의 사주를 받은 공작원의 위장탈북 사례를 적발할 필요성 등 일정기간 수용과 조사를 실시할 합목적적 필요성은 당연히 수긍할 수 있으나, 이들에게도 인권보장을 위한 최소한의 조치가 법적으로 보장될 필요가 있기 때문이다. 이러한 법적 조치 속에는 변호인과의 접견·교통 등이 당연히 포함되어야 함은 물론이다.

4. 외국인의 출입국 관련

외국인의 출입국과 관련하여 출입국관리법 제12조의4가 '위조되거나 변조된 외국인의 여권·선원신분증명서'에 관하여 같은 법 제5조를 준용하여 출입국관리 공무원이 이를 회수하여 보관하도록 규정하고 있는 부분과, 출입국관리법을 위반하여 조사를 받고 있는 사람으로서 출입국관리법 제46조에 따른 강제퇴거 대상자에 해당하는 출입국

사범의 여권이나 선원신분증명서를 발견하면 회수하여 보관할 수 있
도록 하고 있는 부분은, 같은 법 제5조에 관하여 지적한 것과 마찬
가지의 문제점 — 압수에 해당하므로 형사소송 절차의 영장주의를 적
용하여야 함에도 행정처분만으로 압수를 허용하고 있는 문제점 — 을
지적할 수 있다. 이에 대한 개선방안 역시 영장주의를 적용하여야 한
다는 관점에서 제12조의4를 삭제하는 방안을 검토하여야 한다.

5. 외국인의 체류 관련

출입국관리법상 외국인의 체류와 관련한 문제는 대체로 강제퇴거
조치와 관련되어 있는데 강제퇴거 조치는 단속, 조사, 보호(일시보호 포
함), 심사, 강제퇴거 등으로 이루어지는 일련의 행정행위 및 행정처분
의 결정과 그 집행을 통해 이루어지게 된다. 이를 형사소송 절차와 비
교하여 보면 단속은 불심검문, 현행범체포, 긴급체포 등과 대응하고,
보호는 구속(일시보호는 영장에 의한 체포)에 대응한다.

이 경우 원론적으로 위 법 제5조와 관련하여 지적한 바와 같이,
출입국관리 공무원이 특별사법경찰관리의 지위에서 이러한 업무를 수
행하도록 규율할 필요가 있다는 점을 지적할 수 있을 것이다. 그러나
외국인의 체류 관련 문제는 그와 같이 단순하게 처리할 수 없는 복잡
한 문제점들이 포함되어 있으므로 각 단계별로 좀 더 자세히 살펴볼
필요가 있다.

가. 행정상 즉시강제와 영장주의의 적용 문제

우선 총론적으로, 출입국관리법 위반 사건에서 이루어지는 단속,
조사, 보호(일시보호 포함), 심사, 강제퇴거 등 행정상 강제조치(본질상
행정상 즉시강제에 해당)들이 본질적으로 형사소송법상 강제처분과 다를
바 없다면, 입법적 조치를 수반하지 않더라도 이러한 강제조치들에 대
하여 영장주의가 직접적으로 적용될 수 있을 것인바, 과연 그렇게 이

해해도 별다른 문제가 없는 것인지 여부를 검토하고자 한다.

출입국관리법에 따른 행정상 강제조치에 대하여 영장주의 적용 여부가 직접적으로 문제가 된 사례는 아직 알려진 바 없다. 다만 행정상 강제조치라는 점에서 성질상 유사하다고 볼 수 있는 구「음반·비디오물 및 게임물에 관한 법률」[90] 제24조 제3항 제4호에 따른 '불법게임물의 수거·폐기'와 관련하여 헌법재판소는, 이 사건 법률조항은 불법현장에서 이를 즉시 수거하지 않으면 증거인멸의 가능성이 있고, 그 사행성으로 인한 폐해를 막기 어려우며, 대량으로 복제되어 유통될 가능성이 있어, 불법게임물에 대하여 관계당사자에게 수거·폐기를 명하고 그 불이행을 기다려 직접강제 등 행정상의 강제집행으로 나아가는 원칙적인 방법으로는 목적달성이 곤란한 급박한 상황에 대처하기 위한 것으로서 그 불가피성과 정당성이 충분히 인정되는 경우이므로, 이 사건 법률조항이 영장 없는 수거를 인정한다고 하더라도 이를 두고 헌법상 영장주의에 위배되는 것으로는 볼 수 없다고 판시한 바 있다.[91]

헌법재판소가 취한 위와 같은 논리를 출입국관리법을 위반하여 체류하고 있는 외국인의 단속 문제에 적용시킨다면, 출입국관리법을 위반하여 체류하고 있는 외국인을 현장에서 즉시 보호하지 않으면 잠적할 우려가 있고, 그러한 외국인에게 조사를 위하여 자진 출석하도록 통지하고 그 출석을 기다려 조사를 한 후 자진출국을 권고하고 그 권고를 이행하지 아니하는 경우에 비로소 그를 체포하여 강제출국시키는 조치에 나아가는 원칙적인 방법으로는 외국인의 불법적인 국내 체류를 단속하고자 하는 출입국관리법의 목적을 달성할 수 없는 급박한 상황이 인정되는 경우에는 영장주의가 적용되지 않는다고 볼 수 있을 것이다.

90 2001. 5. 24. 법률 제6473호로 개정되기 전의 것.
91 헌재 2002. 10. 31. 2000헌가12.

그런데 만일 위와 같이 급박한 필요성이 인정되지 않는 경우가 있다면 그 경우에는 영장주의가 적용될 수 있을 것인지 여부에 문제가 있다. 이 문제는 행정상 강제조치에 대해서도 영장주의가 적용될 수 있는지 여부라는 중요한 문제이다.

이에 관하여 외국의 제도를 살펴보면, 일부 영장주의를 적용받지 않는 행정조사 영역이 인정되고 있기는 하지만, 기본적으로는 행정조사 특히 출입국관리법 위반 사안과 관련해서는 대체로 영장주의가 적용되고 있다고 볼 수 있다. 즉 일본 「출입국관리및난민인정법(出入国管理及び難民認定法)」 제31조는 출입국관리 공무원이 임검, 수색, 압수를 함에 있어서 법관의 허가를 얻어야 한다고 규정하여 영장주의를 채택하고 있다. 독일의 「독일연방 내 외국인의 거주, 경제활동 및 통합에 관한 법률(Gesetz über den Aufenthalt, die Erwerbstätigkeit und die Integration von Ausländern im Bundesgebiet)」 제62조 역시 불법체류자의 체포와 구금에 법관의 영장주의를 택하고 있다. 프랑스 「외국인의 체류, 입국 및 망명권법(Code de l'entrée et du séjour des étrangers et du droit d'asile)」 역시 Article L. 222－1 등에서 불법체류자의 체포와 구금에는 '자유와 구금 판사(juge des libertés et de la détention)'의 허가를 필요로 한다. 미국의 경우에도 「샌프란시스코 주택법전(San Francisco Housing Code)」상 주택조사원(housing inspectors)이 아파트 현장조사를 하기 위해서도 일반적으로 영장이 요구된다고 보고 있다.[92] 일반적으로 미국의 경우 형사사건과는 성격이 다른 행정조사라 할지라도 원칙적으로는 영장이 필요하지만, 평소에 당해 행정기관으로부터 정기적으로 '광범위한' 규제를 받고 있는 사업의 경우에는 굳이 영장이 없이도 행정조사를 할 수 있다고 보고 있다고 한다.[93] 이상과 같이 선진 외국에서 출입국관

---

92 Camara v. Municipal Court, 387 U.S. 523 (1967).
93 법무부, 「미국 등 주요 선진국가의 행정조사와 영장주의」, 2011, 93면.

리법을 위반한 외국인에 대한 단속절차에 영장주의가 전면적으로 배제되는 예는 찾아보기 어렵다. 그러나 모든 행정조사 절차에 영장주의를 엄격하게 적용하고 있지 않은 것도 또한 사실이다.

결국 출입국관리법상 불법체류 외국인의 단속 과정에 어느 정도의 영장주의를 적용할 것인가 여부는 입법정책의 문제라고 할 수 있고, 해석론만으로 그대로 영장주의를 적용하는 것은 싱당한 무리가 있다고 할 수 있다. 이에 따라 아래에서 살펴보는 일련의 행정조치들에 대한 사법통제를 위해서는 해석론보다는 입법론이 주를 이루게 될 것이다.

나. 조사와 관련한 문제

(1) 관련 규정의 개관

외국인의 강제퇴거를 위한 조사절차에는 신문 및 진술의 청취, 주거 또는 물건의 검사, 서류 또는 물건의 제출 요구 등이 규정되어 있다.

(가) 신문 및 진술의 청취

강제퇴거의 대상이 될 수 있는 자에 관해서는 출입국관리법 제46조가 규정하고 있다. 주로 출입국관리법 자체를 위반하거나 허위초청을 통해 입국한 경우, 입국 후 입국금지사유가 발견된 경우, 지방출입국·외국인관서의 장이 붙인 허가조건을 위반한 경우, 허가 없이 상륙한 경우, 허가를 받지 아니하고 근무처를 변경·추가한 경우, 법무부장관이 정한 거소 또는 활동범위의 제한이나 그 밖의 준수사항을 위반한 경우, 외국인 등록 의무를 위반한 경우, 금고 이상의 형을 선고받고 석방된 경우, 그밖에 법무부령으로 정하는 사유에 해당하는 경우 등이다. 출입국관리 공무원은 출입국관리법 제46조에 해당한다고 의심이 되는 외국인(이들을 용의자라고 한다)에 대하여 조사를 할 수 있다(출입국관리법 제47조). 출입국관리 공무원이 조사를 함에 있어서는 용의자 또는 참고인에 대하여 출석을 요구할 수 있고, 신문 및 진술을 청취할 수 있다(출입국관리법 제48조 및 제49조). 신문 및 진술은 조서로 작성하여야 하며, 작성한 조서는 용의자나 참고인에게 읽어주거나 열람하게 하여 오기의 유무를 확인하고 용의자나 참고인이 그 내용에 대한 추가·삭제 또는 변경을 청구하면 그 진술을 조서에 기재하여야 한다. 작성된 조서에 대해서는 용의자나 참고인이 간인(間印)한 후 서명 또는 기명날인(記名捺印)하게 하여야 하는데, 서명 또는 기명날인할 수 없거나 이를 거부할 때에는 그 사실을 조서에 기재하여야 한다. 한국어가 통하지 아니하는 사람이나 청각장애인 또는 언어장애인을 신문하거나 진술을 청취하는 경우에는 통역인으로 하여금 통역하도록 해야 하나, 청각장애인이나 언어장애인에게는 문자로 묻거나 진술하게 할 수 있다.

(ㄴ) 주거 또는 물건의 검사 및 서류·물건의 제출 요구

출입국관리 공무원은 조사에 필요한 경우에는 용의자의 주거 또는 물건을 검사할 수 있고, 서류 또는 물건을 제출하도록 요구할 수 있다. 다만 이를 위해서는 용의자의 동의를 필요로 한다(출입국관리법 제50조). 그러나 상대방이 이 요구에 따라야 하는 의무가 발생하는 것은 아니다. 출입국관리법상 위와 같은 출입국관리 공무원의 요구에 응하지 않는다고 하더라도, 그 제출을 강제할 수 있는 수단이나 제출거부자에 대하여 제재를 부과할 수 있는 규정이 없기 때문이다.

용의자의 동의는 강제처분적 성격을 갖는 검사나 제출요구에 대한 합법화 조건이라고 할 수 있다. 그러므로 용의자의 동의가 없는 경우에는 검사나 제출요구를 할 수 없고, 동의 없는 검사나 제출요구를 행한 경우에는 직권남용행위(형법 제123조)에 해당한다고 할 수 있다.

(2) 문제점

(가) 용의자나 참고인을 소환하여 신문하거나 진술을 청취하는 것은 형사소송 절차상 피의자신문이나 참고인진술 청취와 유사하다. 형사소송법에서도 위와 같은 절차에 영장주의가 적용되지 않고 있으므

로 출입국관리법에 따른 신문이나 진술청취에 영장주의를 적용하여야
할 당위성은 인정되지 않는다. 또 출입국관리법상 위와 같은 신문이나
진술청취를 위한 소환에 응하지 않더라도 그 불응행위 자체만으로 어
떠한 제재가 부과되는 것이 아니기 때문에 신문이나 진술청취는 임의
절차의 성격이 강하다고 볼 수 있다.

　그러나 비록 임의절차의 성격을 갖는다 하더라도 용의자에 대한
신문은 그에 대한 강제출국의 자료가 될 수 있고, 경우에 따라서는 다
른 범죄 혐의를 인정하는 증거자료가 될 수 있다. 참고인 진술청취의
경우에도 진술 내용에 따라서는 진술을 하는 참고인 본인 또는 제3자
의 범죄 혐의가 드러날 가능성이 있다. 이러한 경우에 해석론으로 형
사상 진술거부권이 인정될 수 있는 것인지는 의문이 있다. 우리 헌법
제12조는 '형사상' 불리한 진술의 강요를 금지하고 있을 뿐, '행정상'
불리한 진술의 강요를 금지한다는 명문의 규정이 없다. 형사소송법의
규정 역시 형사절차에 적용되는 규범이지 행정절차에 대해서도 적용
되는 규범이 아니기 때문이다.

　진술거부권의 인정 여부에 따라서 진술거부권을 고지하지 않고
작성한 조서의 증거능력 역시 문제가 된다. 형사절차에서 증거로 사용
되는 경우에는 당연히 증거능력이 부정된다고 할 것이지만(이른바 '위법
절차수집증거의 배제법칙'), 진술거부권을 고지하지 않고 이루어진 신문
이나 진술을 근거로 출입국관리법에 따른 강제출국 등의 조치가 이루
어지는 경우에 그 신문이나 진술을 해당 조치를 위한 자료로 사용할
수 없도록 할 것인가 여부가 문제될 수 있는 것이다.

　마찬가지 관점에서 신문이나 진술청취 과정에서 출입국관리 공무
원이 용의자나 참고인을 회유·기망·협박하는 등으로 그 신문이나 진
술의 임의성을 인정할 수 없는 경우에 그 신문이나 진술을 강제출국
등 조치의 자료로 활용할 수 있는가 여부도 역시 문제가 된다.

(내) 강제퇴거라는 중요한 처분의 요건을 법률에서는 아무런 기준도 제시하지 않은 채 법무부령으로 규율하는 것(출입국관리법 제46조 제1항 제14호)도 적절한 태도는 아니라고 할 수 있다.

(대) 주거 또는 물건의 검사는 형사소송 절차상 수색에 해당한다. 형사소송 절차상 수색의 경우에는 일부 예외를 제외하고는 영장주의가 엄격하게 적용되나, 출입국관리법상 주거나 물건의 검사에 있어서는 영장주의가 적용되는 경우가 전혀 없다. 앞에서 본 헌법재판소의 판단[94]에 비추어 즉시강제의 필요성과 상당성이 인정되지 않는 검사라면 영장주의가 적용되어야 하는 것인지 의문이 있을 수 있다.

다만 위에서 본 바와 같이 출입국관리법상 주거 또는 물건의 검사나 서류·물건의 제출요구에 있어서는 용의자의 동의를 요건으로 하고 있을 뿐만 아니라, 제출을 거부하는 경우에도 그에 대한 별다른 제재가 수반되지 않는다는 점에서 원칙적으로 영장주의가 적용될 여지가 별로 없다고 할 수 있다. 형사소송 절차에서도 임의제출물은 영장 없는 압수가 가능하기 때문이다(형사소송법 제108조).

문제는 용의자가 동의하는 경우라 하더라도 야간에 이루어지는 검사도 무제한적으로 허용되는지 여부와, 용의자 등의 참여권이 보장되는지 여부이다. 출입국관리법에는 이에 관한 명문의 규정이 존재하지 않는다.

(3) 개선방안

(가) 출입국관리 공무원이 출입국관리법 위반 사건이나 그와 경합하는 범죄의 수사에 관하여 특별사법경찰관리의 지위를 가지고 있음은 이미 살펴본 바와 같다. 이에 따라 출입국관리법을 위반한 것으로 의심이 가는 외국인에 대한 신문이나 참고인의 진술청취, 주거나 물건의 검사 및 물건이나 서류의 제출요구 등의 행정작용은 모두 형사소송

94 헌재 2002. 10. 31. 2000헌가12.

법의 적용을 받도록 규율하는 것이 바람직하다.[95]

　이와 같이 규율하더라도 출입국관리법을 위반한 외국인의 잠적 등이 문제되지 않으리라고 볼 수 있는 이유는, 형사소송법에 의하더라도 출입국관리법을 위반한 외국인을 체포하는 현장에서는 영장 없는 압수나 수색이 가능하기 때문이다(형사소송법 제216조 참조).

　(나) 현재 시행규칙에서 출입국관리법 제46조 제1항 제14호에 따른 강제퇴거의 대상자로 규정하고 있는 사람들은 "① 시행규칙 제54조 각 호의 어느 하나에 해당하는 죄를 범한 사람, ② 「배타적 경제수역에서의 외국인어업 등에 대한 주권적 권리의 행사에 관한 법률」을 위반한 사람, ③ 「영해 및 접속수역법」을 위반한 사람"이다. 시행규칙에 위임하는 태도보다는 법률에서 일정한 범주의 법률을 위반한 사람을 대상으로 포섭하는 태도가 바람직하다. 특히 시행규칙 위반을 죄로 취급하는 것은 죄형법정주의와 충돌할 가능성이 있는 부적절한 체계이다.

　(다) 위와 같은 관점에서 용의자에 대한 신문이나 참고인에 대한 진술청취에 있어서 진술거부권의 고지는, 그 신문이나 진술의 결과를 형사소송 절차상 증거로 사용하기 위한 적법요건이 될 뿐만 아니라, 강제퇴거조치 등 행정상 즉시강제처분의 자료로 사용하기 위한 유효요건이 된다고 보아야 한다. 자백의 임의성 배제법칙을 유추하여 신문이나 진술에 임의성을 의심할 만한 사정이 개입된 경우에도 마찬가지로 그러한 신문이나 진술의 결과는 행정처분의 자료로 활용할 수 없다고 보아야 한다.

　(라) 출입국관리 공무원이 행하는 검사에도 형사소송법이 적용되는 이상 야간검사에는 야간검사를 위한 판사의 영장을 필요로 하게 된다.

---

95 김대근 외, 『출입국관리상 인권제고를 위한 형사정책적 대응』, 한국형사정책연구원, 2014, 468면 역시 사업장 등에 들어가 외국인을 단속하기 위해서는 주거권자 또는 관리자의 사전 동의나 영장을 발부받아야 한다는 입장이다.

제출한 물건의 보관은 압수에 해당하므로 압수목록을 작성하여 교부하여야 하고, 일정한 요건을 갖춘 경우에는 가환부해야 한다.

다. 보호조치와 관련한 문제
(1) 관련 규정의 개관
㈎ 보호 및 긴급보호·일시보호

출입국관리 공무원은 외국인이 법 제46조 제1항에 규정한 사유 중 어느 하나에 해당된다고 의심할 만한 상당한 이유가 있고 도주하거나 도주할 염려가 있으면 지방출입국·외국인관서의 장으로부터 보호명령서를 발급받아 그 외국인을 보호할 수 있다(출입국관리법 제51조). 긴급한 경우에는 긴급보호를 한 후 즉시 긴급보호서를 작성하여 보호된 외국인에게 제시하여야 하고, 이와 별도로 긴급보호 후 48시간 이내에 보호명령서를 발급받아 보호된 외국인에게 제시하여야 한다. 일반적인 보호의 경우에도 마찬가지이다(출입국관리법 제53조). 이 밖에도 일정한 사유가 있는 경우에는 해당 외국인을 48시간을 초과하지 아니하는 범위 내에서 외국인보호실에 일시적으로 보호할 수 있다(출입국관리법 제56조). 일시보호를 할 수 있는 경우란 ① 법 제12조 제4항에 따라 입국이 허가되지 아니한 경우, ② 법 제13조 제1항에 따라 조건부입국허가를 받은 사람이 도주하거나 도주할 염려가 있다고 인정할 만한 상당한 이유가 있는 경우, ③ 법 제68조 제1항에 따라 출국명령을 받은 사람이 도주하거나 도주할 염려가 있다고 인정할 만한 상당한 이유가 있는 경우를 가리킨다.

㈏ 보호기간과 보호시설

보호기간은 10일 이내로 하되, 부득이한 사유가 있는 경우에는 지방출입국·외국인관서의 장의 허가를 받아 10일을 초과하지 아니하는 범위에서 보호기간을 연장할 수 있다. 그러나 보호기간의 연장은 1회에 한한다. 보호되는 외국인은 외국인보호실, 외국인보호소 또는 법무부장관이 지정하는 보호시설에 수용한다(출입국관리법 제52조).

(다) 이의신청

보호명령서에 따라 보호된 외국인 본인이나 그의 법정대리인등은 보호에 대한 이의신청을 할 수 있다(출입국관리법 제55조). 외국인을 보호하게 되면 국내에 있는 그의 법정대리인·배우자·직계친족·형제자매·가족·변호인 또는 용의자가 지정하는 사람에게 보호의 일시·장소와 보호이유를 통지하여야 하는데(출입국관리법 제54조), 이 통지대상자들에게도 피보호 외국인과 마찬가지로 보호에 대한 이의를 신청할 수 있는 권한을 부여한 것이다.

(라) 이의신청의 절차와 결정

이의신청은 법무부장관을 상대방으로 하되, 지방출입국·외국인관서의 장을 경유하여야 한다(출입국관리법 제55조). 이의신청을 받은 법무부장관은 지체 없이 관계 서류를 심사하여 그 신청이 이유 없다고 인정되면 결정으로 기각하고, 이유 있다고 인정되면 결정으로 보호된 사람의 보호해제를 명하여야 한다(출입국관리법 제56조 제2항).

(마) 강제력의 행사 및 격리보호조치

출입국관리 공무원은 일정한 사유가 있는 경우에 피보호자에 대하여 강제력의 행사 및 격리보호조치를 취할 수 있다. 강제력을 행사하거나 격리보호조치를 취할 수 있는 사유는 ① 자살 또는 자해행위를 하려는 경우, ② 다른 사람에게 위해를 끼치거나 끼치려는 경우, ③ 도주하거나 도주하려는 경우, ④ 출입국관리 공무원의 직무집행을 정당한 사유 없이 거부 또는 기피하거나 방해하는 경우, ⑤ 그밖에 보호시설 및 피보호자의 안전과 질서를 현저히 해치는 행위를 하거나 하려는 경우를 말한다(출입국관리법 제56조의4).

(바) 피보호자의 신체·의류·휴대품 검사

출입국관리 공무원은 보호시설의 안전과 질서유지를 위하여 필요

한 경우에 피보호자의 신체·의류 및 휴대품을 검사할 수 있다. 피보호
자가 여성이면 여성 출입국관리 공무원이 검사를 하여야 한다. 그러나
여성 출입국관리 공무원이 없는 경우에는 지방출입국·외국인관서의
장이 지명하는 여성이 검사를 할 수 있다(출입국관리법 제56조의5).

　(사) 피보호자의 교통권

　피보호자는 다른 사람과 면회, 서신수수 및 전화통화 등 외부와
교통할 수 있다. 그러나 보호시설의 안전이나 질서, 피보호자의 안전·
건강·위생을 위하여 부득이하다고 인정되는 경우에 지방출입국·외국
인관서의 장은 면회 등을 제한할 수 있다(출입국관리법 제56조의6).

　(아) 영상정보 처리기기의 설치와 운영

　지방출입국·외국인관서의 장은 피보호자의 자살·자해·도주·폭
행·손괴나 그밖에 다른 피보호자의 생명·신체를 해치거나 보호시설
의 안전 또는 질서를 해치는 행위를 방지하기 위하여 필요한 범위에서
영상정보 처리기기 등 필요한 시설을 설치할 수 있으며, 이에 따라 설
치된 영상정보 처리기기는 피보호자의 인권 등을 고려하여 필요한 최
소한의 범위에서 설치·운영되어야 한다. 영상정보 처리기기 등의 설
치·운영 및 녹화기록물의 관리 등에 필요한 사항은 법무부령으로 정
한다(출입국관리법 제56조의7).

　(2) 문제점

　(가) 출입국관리법 제51조 이하에서 규율하는 보호조치는 실질적으
로 형사소송법상 구속에 해당하는 조치이다. 출입국관리법은 법관의
영장 대신 지방출입국·외국인관서의 장의 보호명령서에 의하여 보호조
치를 취할 수 있도록 규율하고 있는데, 영장주의를 배제하는 출입국관
리법의 이러한 체제가 적절한 것인지 검토의 필요가 있다.

　(나) 용어에 있어서도 본질과 전혀 부합하지 않는 명칭을 사용하는
점은 재고할 필요가 있다. 출입국관리법상 외국인의 보호는 본질적으

로 구금 또는 수용이라고 할 수 있다.[96] 부정적 의미를 희석시키기 위해서 보호라는 용어를 사용함으로써, 본질적으로도 보호의 의미로 사용되는 경우에도 그 의미를 오해하게 만드는 결과를 초래하고 있다.[97] 개념의 혼란은 출입국관리법상 강제처분에 해당하는 보호조치에 대한 사법통제의 범주에도 혼란을 초래할 가능성을 가져온다.

(대) 긴급보호조치와 별도로 출입국관리법 제55조의 일시보호조치를 허용하여야 할 필요성이 있는지는 의문이다. 더구나 48시간 이내에 송환할 수 없는 경우에 다시 48시간의 범위 내에서 일시보호를 연장할 수 있도록 허용함으로써 최장 96시간 동안 보호명령서조차 없이 외국인을 보호할 수 있도록 허용하는 것은 인권 침해적 요소가 매우 커서 적절하지 아니하다.

(라) 보호기간의 연장과 관련해서 출입국관리법은 "부득이한 사유가 있는 경우"만을 규정하고, 구체적으로 기간의 연장을 필요로 하는 부득이함을 소명할 수 있는 자료의 제출 등에 관해서는 아무런 규정도 두고 있지 않다. 이는 형사소송법에서 구속기간의 연장과 관련하여 '상당성'을 요구함과 아울러 구속기간의 연장의 필요를 인정할 수 있는 자료를 제출하도록 규정하고 있는 것과 대비된다(형사소송법 제205조 참조). 형사소송 절차의 구속과 실질적으로 동일한 출입국관리법상 보호처분에 대하여 그 기간 연장을 지나치게 행정편의주의에 치우쳐 규율하고 있다는 비판이 가능한 부분이다.

---

96 이근우, "보호인가 구금인가 ─ 출입국관리법상 강제처분 비판 ─", 「비교형사법연구」, 2012, 483면 참조.
97 법 제56조의3에서 피보호자가 환자, 임산부, 노약자, 19세 미만인 사람 또는 이에 준하는 사람으로서 지방출입국·외국인관서의 장이 특별히 보호할 필요가 있다고 인정하는 외국인에 대해서는 특별한 보호를 하도록 규정하고 있는데, 여기서의 보호는 통상적인 의미 그대로의 보호임에도 출입국관리법상 다른 보호와 마찬가지로 구금의 의미로 이해될 경우 특별한 구금을 하여야 하는 것으로 이해될 가능성이 생기게 되는 것이다.

㈐ 제54조 제2항은 법정대리인·배우자·직계친족·형제자매·가족·변호인 또는 용의자가 지정하는 사람에게 보호사실을 통지하도록 하는 외에, 보호된 외국인이 원하는 경우에는 긴급한 사정이나 그 밖의 부득이한 사유가 없으면 국내에 주재하는 그의 국적이나 시민권이 속하는 국가의 영사에게도 보호의 일시·장소와 보호이유를 통지하도록 규정하고 있다. 제1항에서 용의자가 지정하는 사람을 규정하면서도 이와 별개로 제2항에서 이들 영사를 규정하고 있는 이상, 용의자가 지정하는 사람과 이들 영사는 구별하려는 것이 출입국관리법의 태도라고 보아야 한다. 그런데 보호의 일시·장소와 보호이유를 통지받을 수 있는 사람들에게 보호조치에 대한 이의신청권을 인정하면서도(출입국관리법 제55조 제1항), 이들 영사에게는 보호조치에 대한 이의신청 권한을 부여하지 않은 것은 의문이다.

㈑ 보호처분에 대한 이의신청을 법무부장관에게 하는 것은, 앞에서 국민에 대한 출국금지 등 조치의 이의신청 상대방을 법무부장관으로 하는 것에 대하여 지적한 것과 마찬가지의 문제가 지적될 수 있다. 즉 보호처분의 시행 주체인 지방출입국·외국인관서의 장을 지휘·감독하는 법무부장관에게 보호처분의 위법·부당성을 시정하여 달라고 이의를 신청하더라도 법무부장관이 이를 받아들일 가능성이 거의 없으므로 무익한 절차지연사유에 불과하게 된다는 것이다. 그러나 보호처분의 경우 법무부장관이 직접 해당 행정처분의 주체가 아니라 해당 행정처분을 발하는 지방출입국·외국인관서의 장을 지휘·감독하는 지위에 있다는 섬에서 반드시 출국금지조치의 경우와 마찬가지로 볼 것은 아니라는 반론도 가능하다. 일반적인 행정처분의 경우에도 상급감독관청이 이를 시정할 수 있는 권한을 보유하고 있으므로, 보호처분의 경우에도 지방출입국·외국인관서의 장에 대한 상급감독관청에 해당하는 법무부장관에게 보호처분의 위법·부당성을 주장하여 그 시정을 구

하는 것이 반드시 무익한 절차지연사유에 해당하는 것은 아니라고 볼
수 있다는 것이다.

(사) 이의신청서의 경유대상이 되는 지방출입국·외국인관서의 장이
이의신청에 대하여 취할 수 있는 조치에 관하여 출입국관리법은 아무
런 규정도 두고 있지 아니하다. 검찰항고의 경우 항고가 이유 있다고
인정하면 경유기관인 지방검찰청 또는 지청의 검사로 하여금 그 처분
을 경정(更正)하여야 한다고 규정하고 있는 것(검찰청법 제10조 제1항)을
참고한다면, 출입국관리법상 보호조치에 대한 이의신청이 이유 있다고
인정하는 경우에 경유기관인 지방출입국·외국인관서의 장이 보호조치
를 즉각 해제할 수 있는 것인지 의문이 생기게 된다.

(아) 제56조의4가 규정하는 강제력 사용 조치는 통상 교정시설에서
수용자를 관리하는 교정공무원에게 허용되는 것과 유사하다.[98] 그러나
「형의 집행 및 수용자의 처우에 관한 법률」에서는 강제력의 일환으로
사용할 수 있는 장비의 종류나 강제력 사용 후의 보고절차 등에 관하
여 어느 정도 규정을 두고 있는 반면, 출입국관리법에서는 이에 관하
여 아무런 규정도 두고 있지 아니한 점에서 차이가 있다. 심지어 출입
국관리법 제56조의4 제2항이 강제력을 행사하기 위하여 사용할 수 있
는 보안장비의 종류를 법무부장관이 지정할 수 있도록 규정하고 있음
에도 시행규칙에서는 이에 관하여 아무런 규정도 두고 있지 않다.

(자) 출입국관리법 제56조의5에서 출입국관리 공무원에게 보호시설
의 안전과 질서유지를 위하여 피보호자의 신체·의류 및 휴대품을 검
사하는 권한을 부여하고 있는 것 역시 교정공무원에게 부여된 권한과
유사하다. 그러나 이러한 신체검사와 관련하여 여성인 피보호자에 대
한 검사를 여성이 하도록 규정하는 외에는 피보호자에게 고통이나 수
치감을 주지 않기 위한 아무런 조치(「형의 집행 및 수용자의 처우에 관한

| 98 「형의 집행 및 수용자의 처우에 관한 법률」 제100조 제1항 참조.

법률」 제93조 제2항 참조)도 규정하고 있지 아니함은 입법적 불비라고 할
수 있다.

(차) 제56조의6에서 피보호 외국인에게 일반적인 교통권에 관하여
규정하면서도, 정작 변호인과의 자유로운 접견·교통권을 보장하는 규
정을 두고 있지 아니한 점은 문제이다. 출입국관리법 제54조에서 외국
인을 보호한 경우에는 3일 이내에 변호인 등에게 통지하도록 규정을
두면서도 변호인과의 접견·교통권에 관한 규정을 두지 아니한 것은
중대한 입법적 불비라고 할 수 있다.

(카) 한편 제56조의6은 제2항에서 보호시설의 안전이나 질서, 피보
호자의 안전·건강·위생을 위하여 부득이하다고 인정되는 경우에는
면회 등을 제한할 수 있도록 하고 있다. 그러나 구체적인 면회절차나,
면회를 제한할 수 있는 구체적 요건, 면회의 제한기간, 면회 등의 제한
에 있어서 전부 제한되는 경우와 부분적으로 제한되는 경우 등 제한의
범위 등에 관한 아무런 규정도 마련되어 있지 아니하다. 이 역시 매우
중요한 입법적 불비라고 하지 않을 수 없다.

(타) 제56조의7에서 영상정보처리기기의 구체적인 설치·운영 및 녹
화기록물의 관리 등에 필요한 사항은 법무부령으로 정하도록 위임하
고 있으나, 아직까지 「출입국관리법 시행규칙」에는 아무런 관련 규정
이 마련되어 있지 아니하다. 이 역시 입법적 불비라고 할 것이다.

(파) 제57조는 보호시설에서의 피보호자에 대한 급양(給養)이나 관
리 및 처우, 보호시설의 경비(警備)에 관한 사항과 그밖에 필요한 사항
은 법무부령으로 정하도록 위임하고 있음에도 이에 관한 아무런 구체
적 규범이 마련되어 있지 아니하다. 이 부분 역시 입법적 불비를 지적
할 대목이다.

(3) 개선방안

(가) 출입국관리법에서 출입국관리 공무원이 취할 수 있는 여러 강

제처분의 경우 그 본질에 있어서 형사소송법상 사법경찰관리가 취할 수 있는 강제처분과 별반 차이가 없는 점, 출입국관리 공무원은 출입국관리위반 사건에 관해서 특별사법경찰관리로서 직무를 수행하는 점 등을 고려하여, 특별히 달리 취급하여야 할 필요성이 인정되지 않는다면 출입국관리 공무원의 강제처분에 대해서 원칙적으로 영장주의를 적용하는 것이 바람직하다는 것은 이미 여러 차례 지적한 바와 같다. 보호처분의 경우도 마찬가지이다. 그러므로 출입국관리 공무원이 보호처분을 함에 있어서는 지방출입국·외국인관서의 장에게 보호영장의 청구를 신청하고, 지방출입국·외국인관서의 장은 판사에게 영장을 청구하도록 하여 판사가 발부한 영장에 의한 보호조치(보호기간의 연장 포함)가 이루어지도록 출입국관리법의 체제를 전체적으로 개편할 필요가 있다.

(나) '보호'라는 용어는 그 본질이 명확히 드러날 수 있도록 '수용'이라는 용어로 고쳐 사용하는 것이 바람직하다. 수용이라는 용어를 사용할 때 비로소 수용의 적정한 기준 모색과 그 기준을 벗어난 처우에 대한 사법통제의 당위성이 명확하게 드러날 수 있게 될 것이기 때문이다.

(다) 출입국관리법 제56조 제2항의 문언으로 미루어 본다면, '일시보호조치'의 목적은 해당 외국인을 송환하기 위한 것으로 보인다. 그렇다면 일시보호조치를 별도로 인정할 것이 아니라 긴급보호조치의 범주 속에 포섭시켜서 규율하는 것이 상당하다. 그와 같이 규율하더라도 일시보호조치를 취하지 못함으로 인하여 출입국관리법상 보호조치의 실효성을 담보하지 못하게 되는 사정은 생겨나지 않을 것으로 판단된다.

(라) 보호기간의 연장을 신청하는 사유를 "심사를 위한 조사를 계속함에 상당한 이유가 있다고 인정하는 경우"로 엄격하게 규정하고, 연장신청을 하는 경우에는 연장의 필요성을 인정할 수 있는 자료를 제출하도록 개정하는 것이 바람직하다. 한편 영장주의를 적용하게 되면 보

호기간의 연장이 법관의 허가를 얻어야만 비로소 유효하게 되는 처분
이 되는 이상 그러한 취지를 명확하게 하는 방향으로 조문을 수정하여
야 한다.

(마) 외국인에게 보호조치를 취하는 경우 국내에 주재하는 그의 국
적이나 시민권이 속하는 국가의 영사에게도 보호처분에 대하여 이의
신청을 할 수 있도록 허용하는 것이 적절하다.

(바) 보호조치의 경우 법무부장관이 처분의 주체가 아니라 상급감
독기관에 해당한다는 점에서, 이의신청의 상대방을 법무부장관으로 하
는 것 자체가 법체계적으로 전혀 잘못된 것이라고 보기는 어렵다. 다
만, 보호처분에 대한 이의신청이 본질상 형사소송 절차의 구속적부심
사에 해당한다는 점과 보호처분에 영장주의가 적용되어야 한다는 점
을 고려한다면, 보호처분에 대한 이의신청 역시 법관이 담당하도록 하
는 것이 바람직하다. 만일 이러한 출입국관리법의 개정이 반대의견의
강력한 개진으로 말미암아 신속하게 이루어지지 못하는 경우라면, 최
소한 이의신청에 대한 결정을 함에 있어서 법무부장관이 단독으로 결
정하도록 하는 것보다는 법무부장관으로부터 독립성을 갖는 행정형
위원회로 하여금 이의신청을 심의하고 보호처분의 해제 여부를 결정
하도록 규율하는 것이 바람직하다.[99] 이러한 행정형 위원회는 공무원
아닌 자가 과반수를 차지하고 법무부장관으로부터 구성과 운영에 있
어서 독립성을 보장받을 수 있도록 법률에서 명문으로 규정을 두는 것
이 바람직하다.

---

[99] 견해에 따라서는 이의신청에 대한 법무부장관의 결정을 재결청의 재결로 취
급하여 행정심판위원회에 행정심판을 제기하도록 하여야 한다는 방안을 제시
하기도 한다. 이근우, 앞의 논문(각주 96), 268면 참조. 그러나 행정심판으로
규율하는 것은 그만큼 권리구제가 지연될 우려가 있으므로 독립한 위원회가
이의신청의 당부를 판단하도록 하고 그 판단에 대해서는 바로 법원에 제소가
가능하도록 하는 것이 신속한 권리구제에 더 적합한 방안이라고 할 것이다.

(사) 검찰청법상 검찰항고의 경우와 마찬가지로 출입국관리법상 이의신청의 경우에도 보호처분이 위법·부당함이 명백하여 이를 즉각 시정할 필요가 있는 경우에는 이의신청의 경유기관인 지방출입국·외국인관서의 장이 즉시 보호처분을 시정할 수 있도록 법률에 명확히 규정할 필요가 있다.

(아) 보안장비의 종류나 강제력 사용 후의 보고절차 등에 관하여 법률에 규정을 두어 적정절차를 보장할 수 있도록 하여야 한다. 구체적인 규범이 마련되어야 이에 대한 사법통제를 도모할 수 있을 것이기 때문이다. 보안장비의 종류나 사용방법 및 사용절차 등에 관하여 법무부장관의 고시로 지정하는 방법이 전혀 불가능한 것은 아니겠지만, 보안장비의 사용이 그 상대방에게 가하는 엄청난 고통과 인권침해적 요소를 고려할 때, 기본적인 보안장비의 종류는 법률에 직접 규정하고 세부적인 사항을 법무부령에 위임하는 체계가 적절하다고 할 것이다 (「형의 집행 및 수용자의 처우에 관한 법률」 제100조 참조). 일정한 청구권자의 청구가 있는 경우에는 그 사용내역을 공개하도록 규율하는 방안도 고려할 수 있다.

(자) 출입국관리 공무원이 피보호자의 신체·의류 및 휴대품을 검사함에 있어서는 비록 훈시적인 규정에 불과하더라도 「형의 집행 및 수용자의 처우에 관한 법률」 제93조 제2항[100]과 같은 사항을 규정함으로써 피보호자의 인격을 존중하는 태도를 요구할 필요가 있다고 할 것이다. 이러한 규정이 요구하는 의무가 비록 권고적 효력에 그치는 것에 불과하다고 하더라도 이러한 의무가 법률의 규정에 의한 의무로 부과된다면, 이러한 의무를 위반하거나 해태하여 과도하게 침습적인 신체

100 "수용자의 신체를 검사하는 경우에는 불필요한 고통이나 수치심을 느끼지 아니하도록 유의하여야 하며, 특히 신체를 면밀하게 검사할 필요가 있으면 다른 수용자가 볼 수 없는 차단된 장소에서 하여야 한다."

검사가 이루어진 경우에는, 위법한 공무집행행위에 해당하게 되고 그에 대하여 국가배상책임을 물을 수 있는 근거가 될 수 있기 때문이다.

㈜ 기본권의 주체성과 관련하여 헌법 제12조의 변호인과의 접견·교통권이 국민이 아닌 자연인 모두에게 보장되는 권리인지 여부에 관하여 이론(異論)이 있으므로,101 해석상 또는 실무상의 혼란을 방지하기 위해서라도 법률에 명확하게 변호인과의 접견·교통권을 보장하는 규정을 둘 필요가 있다. 변호인과의 자유로운 접견·교통의 보장에는 접견·교통의 비밀 보장도 포함되는 것임은 두말할 나위가 없다.

㈎ 면회를 제한할 수 있는 요건, 면회 등의 제한기간, 면회 등 제한의 범위 등에 관하여 기본적인 사항을 출입국관리법에 규정하고, 보다 구체적인 사항은 법무부령으로 위임하는 방식으로 규정을 보완할 필요가 있다. 규범의 마련은 사법통제를 도모하기 위한 첫 걸음이 되는 것이다.

㈏ 출입국관리법에, 영상정보처리기기를 설치·운영하는 경우에는 그 녹화담당직원·녹화시간·녹화상대방 등을 기록하여야 한다는 점을 명확하게 규정하고, 법무부령에서 녹화기록물의 관리 등에 필요한 구체적 사항을 규정하도록 출입국관리법과 시행령을 개정하여야 한다 (「형의 집행 및 수용자의 처우에 관한 법률」 제94조 참조).

㈐ 출입국관리법에서 보호시설에서의 피보호 외국인의 건강상태, 나이, 그 밖의 개인적 특성을 고려하여 건강 및 체력유지에 적합한 급양(給養)을 하도록 하고, 건강유지에 적합한 의류·침구, 그 밖의 생활

---

101 헌법학계의 일반적인 입장은 헌법상 기본권을 성질에 따라 인간의 권리와 국민의 권리로 이분하여 전자에 대해서는 외국인도 주체성을 인정하나 후자에 대해서는 상호주의에 따라야 한다는 입장이다. 김대근 외, 전게서, 94면 참조. 헌재 2012. 8. 23. 2008헌마430 결정 역시 같은 입장을 취하고 있다. 이러한 입장에 의하더라도 변호인과의 접견·교통권에 관련된 신체의 자유는 인간의 권리에 속한다고 할 것이다. 다만 통설에 반하는 입장(예를 들어 위 헌법재판소 결정에서 김종대 헌법재판관의 소수의견 등)도 있을 수 있으므로 가장 방어적인 입장에서 서술하였다.

용품을 지급한다는 규정을 마련할 필요가 있다(「형의 집행 및 수용자의 처우에 관한 법률」 제22조, 제23조 참조). 아울러 피보호 외국인에 대한 관리 및 처우, 보호시설의 경비(警備)에 관한 사항과 그밖에 필요한 사항 등 법률에서 법무부령으로 위임한 사항들에 대해서 조속한 시행령 마련이 이루어져야 한다.

㈔ 보호시설에 피보호 외국인과 소통할 수 있는 통역인력이나 통역장비 등이 제대로 구비되어 있지 않은 것이 현실인바, 출입국관리법에서 이에 관한 규정을 마련하여 구체적인 대책이 시행될 필요가 있다. 특히 출입국관리법 제56조의8 제2항은 피보호 외국인으로 하여금 지방출입국·외국인관서의 장에게 구두로 청원할 수 있도록 규정하고 있는데, 이러한 통역 인력이나 장비가 제대로 갖추어져 있지 않다면 구두청원은 아무런 효용이 없게 될 것이다.

라. 심사 및 이의신청과 관련한 문제

(1) 관련 규정의 개관

심사절차는 출입국관리 공무원이 용의자에 대한 조사를 마친 후에 지방출입국·외국인관서의 장이 출입국관리법 제46조에 정하는 강제퇴거 대상 사유가 존재하는지 여부를 가리는 절차이다(출입국관리법 제58조). 심사결과 출입국관리법 제46조의 각 호 중 어느 하나에도 해당하지 아니한다고 인정되는 경우에는 지체 없이 용의자에게 그 사실을 알리고, 보호조치된 용의자의 보호를 해제하여야 한다. 그러나 심사결과 용의자에게 출입국관리법 제46조에 정한 강제출국사유 중 어느 하나에라도 해당하는 것으로 인정되는 경우에는 강제퇴거명령을 발할 수 있다. 강제퇴거명령의 발령 여부를 임의적인 것처럼 규정하고 있으나, 실제로는 명령을 발할 수 있는 사유가 있으면 기속적으로 강제퇴거명령을 발하여야 한다고 할 수 있다. 강제퇴거명령을 하는 경우에는 강제퇴거명령서를 용의자에게 발급함과 아울러 법무부장관을 상

대방으로 하여 이의신청을 할 수 있다는 사실을 알려야 한다(출입국관
리법 제59조).

　이의신청은 강제퇴거명령서를 받은 날부터 7일 이내에 지방출입
국·외국인관서의 장을 거쳐 법무부장관에게 이의신청서를 제출하는
방법으로 제기한다. 이의신청서를 접수한 지방출입국·외국인관서의
장은 심사결정서와 조사기록을 첨부하여 법무부장관에게 제출하여야
한다. 이의신청서를 접수한 법무부장관은 이의신청이 이유 있는지를
심사하고 결정하여 그 결과를 지방출입국·외국인관서의 장에게 알려
야 한다. 이의신청이 이유 있다는 결정을 통지받은 지방출입국·외국
인관서의 장은 지체 없이 용의자에게 그 사실을 알리고, 용의자가 보
호되어 있으면 즉시 그 보호를 해제하여야 한다. 이의신청이 이유 없
다는 결정을 통지받은 경우에도 마찬가지로 지체 없이 용의자에게 그
사실을 알려야 한다(출입국관리법 제60조). 이의신청이 이유가 없다는 결
정이 내려지면 강제퇴거절차가 진행되게 된다.

　이의신청이 이유 있다고 인정하는 경우에 용의자는 계속 대한민
국에 체류하는 것이 가능함은 물론이나, 이의신청이 이유 없다고 인정
하는 경우라 하더라도, 용의자가 대한민국 국적을 가졌던 사실이 있거
나 그밖에 대한민국에 체류하여야 할 특별한 사정이 있다고 인정하는
경우에 법무부장관은 체류를 허가할 수 있다. 체류허가에는 체류기간
등 필요한 조건을 붙일 수 있다(출입국관리법 제61조).

　(2) 문제점

　㈎ 강제퇴거 여부에 관한 지방출입국·외국인관서 장의 심사가 완
전한 재량사항으로 규정되어 있고 구체적으로 어떤 절차를 통하여 심
사를 진행하며 어떤 기준을 적용하여 제46조 해당 사유의 존부를 판별
하는 것인지에 관한 아무런 규정도 두고 있지 아니하다. 출입국관리업
무의 목적을 고려할 때 행정주체에게 상당한 재량권을 부여할 필요가

있음을 부정할 수는 없겠으나, 과도한 재량의 부여는 자칫 재량권의
일탈·남용으로 이어질 우려가 있다.102

　(내) 이의신청의 당부에 관한 심사 역시 강제퇴거 여부에 관한 심사
와 마찬가지로 법무부장관의 완전한 재량사항으로 규정되어 구체적으
로 어떤 절차와 기준을 통하여 이의신청의 당부를 하는 것인지 객관성
과 공정성이 담보되지 않을 우려가 있다.

　(대) 출입국관리법 제61조의 체류허가를 위한 '특별한 사유'가 구체
적으로 어떤 사유를 말하는 것인지, 그리고 어느 정도의 사정이 존재
할 때 그러한 사유가 존재하는 것으로 판단할 것인지 여부가 법무부장
관의 전적인 재량사항으로 되어 있는 점도 적절하지 않다.

　(3) 개선방안

　(가) 출입국관리법에서 강제퇴거 사유의 존부에 관한 심사 절차와
심사의 기준 및 이의신청의 당부 심사에 관한 기본적인 사항을 규정함
으로써 심사 및 이의신청과 관련한 사법통제의 기준을 정립할 필요가
있다. 아울러 심사 및 이의신청의 심사과정에 심사대상 외국인을 위하
여 변호인이 의견을 제출하는 등 조력을 제공할 수 있음을 명문으로
규정할 필요가 있다.

　(나) 사법통제를 위하여 보호처분에 대한 이의신청의 심사주체를
법관으로 하여야 한다는 입장에서, 강제퇴거를 위한 사유의 심사와 그
에 대한 이의신청 심사의 주체 역시 법관으로 하는 것이 적절하다. 만
일 이러한 출입국관리법의 개정이 반대의견의 강력한 개진으로 말미
암아 신속하게 이루어지지 못하는 경우라면, 최소한 이의신청에 대한
결정을 함에 있어서 법무부장관이 단독으로 결정하도록 하는 것보다
는 외부위원이 과반수를 이루고 법무부장관으로부터 독립성을 갖는
행정형 위원회로 하여금 강제퇴거 사유의 존부에 관한 심사 혹은 심사

102 이재상, 앞의 논문, 259면 참조.

에 대한 이의신청의 당부를 판단하도록 규율하는 것이 바람직하다는 지적도 마찬가지이다.

(다) 체류허가의 객관적 기준을 정립하여 법률에 규정할 필요가 있다. 법무부장관이 독단적으로 체류허가 여부를 결정하도록 하는 것보다는, 공무원이 아닌 자가 과반수를 차지하고 법무부장관으로부터 독립적인 행정형 위원회의 심사를 받도록 하는 방안도 고려할 필요가 있다.

출국명령을 받은 외국인에게 출국명령의 집행정지신청을 하는 방안도 고려할 수 있겠으나, 보다 적극적으로 체류허가신청권을 부여하는 방안도 고려하여야 한다.

마. 강제퇴거명령의 집행

(1) 관련 규정의 개관

강제퇴거명령서는 출입국관리 공무원이 집행한다. 지방출입국·외국인관서의 장은 사법경찰관리에게 강제퇴거명령서의 집행을 의뢰할 수 있다. 강제퇴거명령서를 집행할 때에는 그 명령을 받은 사람에게 강제퇴거명령서를 내보이고 지체 없이 그를 국적국이나 시민권을 가진 국가로 송환하여야 한다. 다만, 출입국관리법 제76조에 따라 선박 등의 장이나 운수업자가 송환하게 되는 경우에는 출입국관리 공무원은 그 선박 등의 장이나 운수업자에게 그를 인도할 수 있다. 강제퇴거명령을 받은 사람이 난민신청을 하였거나 난민불인정 결정에 대한 이의신청을 한 경우에는 송환하여서는 아니 된다. 강제송환의 예외사유가 있다고 하더라도 그 난민신청자가 대한민국의 공공의 안전을 해쳤거나 해칠 우려가 있다고 인정되면 강제송환할 수 있다(출입국관리법 제62조). 강제퇴거명령을 받은 사람을 여권 미소지 또는 교통편 미확보 등의 사유로 즉시 대한민국 밖으로 송환할 수 없으면 송환할 수 있을 때까지 그를 보호시설에 보호할 수 있고, 이 기간은 3개월 단위로 법무부장관의 승인을 받아 연장할 수 있도록 하고 있다(출입국관리법 제63조).

(2) 문제점

강제퇴거명령이 발하여지기까지의 절차에 사법심사가 이루어지도록 출입국관리법이 개정된다면, 그러한 사법심사를 거쳐 집행력을 갖게된 강제퇴거명령의 집행은 지방출입국·외국인관서의 장이 담당하도록 하는 것을 수긍할 수 있다. 그러나 출입국관리법은 강제퇴거명령의 집행 단계에서도 집행의 예외사유나 그 예외사유의 적용을 배제할 수 있는 요건에 관한 판단을 전적으로 지방출입국·외국인관서의 장의 자유재량에 맡기고 있는 문제점이 있다.

특히 집행예외사유의 적용배제요건인 "공공의 안전을 해쳤거나 해칠 우려가 있다고 인정되는 경우"라는 불확정적이고 규범적인 요건을 출입국관리 공무원이 독단적으로 판단하여 강제퇴거명령을 집행할 수 있도록 규율하는 것은 매우 부적절하다.

한편, 강제송환을 위한 보호에 있어서 보호기간의 최장기를 규정하지 않고 있어 경우에 따라서는 수년간의 보호도 가능하게 되는 문제점이 있다. 실제로도 그와 같은 문제가 간혹 벌어지고 있다.

(3) 개선방안

출입국관리법 제62조 제4항 단서의 적용과 관련하여 해당 단서의 요건에 해당하는지 여부는 출입국관리 공무원이 아니라 법관이 판단하도록(즉 제62조 제4항 단서에 해당한다는 법관의 승인을 얻어야 강제퇴거명령을 집행할 수 있도록) 법률을 개정할 필요가 있다.

아울러, 강제송환을 위한 보호기간의 최장기를 규정하고, 그 기간을 도과하는 경우에는 보호해제 등 다른 적절하고 인도적인 조치를 취할 수 있는 여지를 법률에 규정할 필요가 있다.

바. 보호의 일시해제와 일시해제의 취소

(1) 관련 규정의 개관

보호명령서나 강제퇴거명령서를 발급받고 보호되어 있는 사람, 그

의 보증인 또는 법정대리인등은 대통령령으로 정하는 바에 따라 지방
출입국·외국인관서의 장에게 보호의 일시해제를 청구할 수 있다. 보
호의 일시해제 청구를 받은 지방출입국·외국인관서의 장은 피보호자
의 정상(情狀), 해제요청사유, 자산, 그 밖의 사항을 고려하여 2천만원
이하의 보증금을 예치시키고 주거의 제한이나 그밖에 필요한 조건을
붙여 보호를 일시 해제할 수 있다. 보증금의 예치 및 반환의 절차는
대통령령으로 정한다(출입국관리법 제65조).

(2) 문제점

보호의 일시해제라고 하고 있으나 구체적으로 어느 정도의 기간
동안 보호가 해제될 수 있는 것인지 아무런 규정이 없다.

지방출입국·외국인관서의 장은 보호명령이나 강제퇴거명령을 발
령한 행정주체인데, 그 행정주체에게 자신이 발령한 보호명령이나 강
제퇴거명령의 일시해제를 결정하도록 하는 것은 실효성에 의문이 있
고, 신속한 권리구제를 저해할 가능성이 있다.

(3) 개선방안

보호의 일시해제 및 일시해제의 취소에 외부인사가 과반수를 차
지하는 위원회가 관여한다든가 법원의 승인을 받도록 하는 등, 출입국
관리 공무원의 자의적인 권한행사를 감시하고 통제할 수 있는 장치를
도입하는 것이 바람직하다. 특히 보호 일시해제의 취소의 경우 취소당
하는 상대방에게 미치는 법률효과가 매우 중대하므로 가급적 법원의
판단을 통해서 취소하도록 하는 것이 적절하다.

사. 출국권고와 출국명령

(1) 관련 규정의 개관

대한민국에 체류하는 외국인이 ① 정치활동이나 체류자격에 어긋
나는 활동을 하였으나 그 위반 정도가 가벼운 경우, 또는 ② 출입국관
리법 또는 이 법에 따른 명령을 위반하여 법무부장관이 그 출국을 권

고할 필요가 있다고 인정하는 경우에, 지방출입국·외국인관서의 장은 그 외국인에게 자진하여 출국할 것을 권고할 수 있다. 지방출입국·외국인관서의 장이 출국권고를 할 때에는 출국권고서를 발급하여야 하고, 이 경우 발급한 날부터 5일의 범위에서 출국기한을 정할 수 있다(출입국관리법 제67조).

한편, 지방출입국·외국인관서의 장은 외국인이 일정한 사유에 해당하는 경우에는 그 외국인에게 출국명령을 할 수 있는데, 출국명령 사유로는 ① 제46조 제1항 각 호의 어느 하나에 해당한다고 인정되나 자기비용으로 자진하여 출국하려는 경우, ② 제67조에 따른 출국권고를 받고도 이행하지 아니한 경우, ③ 출입국관리법 제89조에 따라 각종 허가 등이 취소된 경우, ④ 제100조 제1항부터 제3항까지의 규정에 따른 과태료 처분 후 출국조치하는 것이 타당하다고 인정되는 경우, ⑤ 제102조 제1항에 따른 통고처분(通告處分) 후 출국조치하는 것이 타당하다고 인정되는 경우이다. 지방출입국·외국인관서의 장이 출국명령을 할 때에는 출국명령서를 발급하여야 하고, 출국명령서를 발급할 때에는 법무부령으로 정하는 바에 따라 출국기한을 정하고 주거의 제한이나 그밖에 필요한 조건을 붙일 수 있다. 만일 출국명령을 받은 외국인이 지정한 기한까지 출국하지 아니하거나, 출국명령에 붙인 조건을 위반한 경우에는 지방출입국·외국인관서의 장은 지체 없이 강제퇴거명령서를 발급하여야 한다(출입국관리법 제68조).

(2) 문제점

출국권고 사유로 적시하고 있는 '그 정도가 가벼운 경우'가 지나치게 모호하여 외국인의 체류 지위를 불안정하게 만드는 문제가 있다. '법무부장관이 그 출국을 권고할 필요가 있다고 인정하는 경우' 역시 외국인의 입출국을 최종적으로 관리하는 주체인 법무부장관이 마음만 먹으면 임의로 출국권고를 할 수 있게 되는 문제점이 있다. 출국명령에 있어서 '출국조치하는 것이 타당하다고 인정되는 경우'라는 요건 역시 발령주체인 지방출입국·외국인관서의 장이 자의적으로 판단할 수 있는 여지가 지나치게 크다.

출국권고에 따라 출국해야 하는 기간을 5일로 한정하고 있는데, 현실적으로 자진하여 출국을 원하더라도 5일 이내에 출국을 할 수 있을 것인지 의문이 있다.

지정한 기한까지 출국하지 아니하거나, 출국명령에 붙인 조건을 위반한 경우에도 그 출국지연이나 조건위반에 정당한 이유가 있거나, 부득이한 사유가 있는 경우에는 강제퇴거조치에 이를 필요가 없다고 볼 수 있는데, 법률은 이 경우 반드시 강제퇴거명령을 하도록 규정하고 있어서 구체적 타당성을 결여한 경직된 행정을 초래할 우려가 있다.

(3) 개선방안

출국권고에 따른 출국기간은 이 기간을 도과하면 바로 출국명령을 받게 된다는 점에서 현행 5일은 너무 단기간이므로, 현실적으로 출국준비가 가능한 기간을 규정하는 것이 바람직하다. 참고로 출국명령 기한은 최장 30일까지 가능하다(「출입국관리법 시행규칙」 제65조 참조).

출국권고와 출국명령 부분의 문제점으로 지적하고 있는 사항들은 모두 해당 행정처분의 주체인 지방출입국·외국인관서의 장에게 지나치게 광범위한 재량권을 부여하고 있는 데에서 비롯되는 것이다. 그러므로 지방출입국·외국인관서의 장으로부터 독립한 지위에서 객관적으로 출국권고와 출국명령을 취급하도록 도모하는 것이 필요하다. 결국 이 부분 역시 외부위원이 과반수 관여하는 독립적인 행정형 위원회에서 심의하여 결정할 수 있도록 하면서 최종적으로는 사법통제를 받도록 규율할 필요가 있다. 사법통제를 위해서는 출국권고와 출국명령의 효력을 정지하고 본안 판결의 확정시까지 국내에 체류할 수 있는 지위를 인정받을 수 있는 잠정처분이 가능할 수 있도록 해야 한다.

아. 선박 등의 검색 및 심사와 출·입국 정지

(1) 관련 규정의 개관

선박 등이 출입국항에 출·입항할 때에는 출입국관리 공무원의 검색을 받아야 한다. 선박 등이 부득이하게 출입국항이 아닌 장소에 출·입항하여야 할 사유가 발생하면 출입국관리법 제74조에 따른 출·입항예정통보서에 그 사유를 소명하는 자료를 첨부하여 미리 지방출입국·외국인관서의 장에게 제출하고 출입국관리 공무원의 검색을 받아야 한다. 다만, 항공기의 불시착, 선박의 조난 등 불의의 사고가 발생하면 지체 없이 그 사실을 지방출입국·외국인관서의 장에게 보고하여 검색을 받아야 한다. 선박을 검색할 때에는 ① 승무원과 승객의 출입국 적격 여부 또는 이선(離船) 여부, ② 법령을 위반하여 입국이나 출국을 하려는 사람이 선박 등에 타고 있는지 여부, ③ 출입국관리법 제72조에 따른 승선허가를 받지 아니한 사람이 있는지 여부를 심사하여야 한다. 출입국관리 공무원이 선박 등에 대한 검색과 심사를 할 때에는 선박 등의 장에게 항해일지나 그밖에 필요한 서류의 제출 또는 열람을 요구할 수 있으며, 선박 등에 승선 중인 승무원·승객, 그 밖의 출입자의 신원을 확인하기 위하여 이들에게 질문을 하거나 그 신분을 증명할 수 있는 서류 등을 제시할 것을 요구할 수 있다. 법무부령으로 정하는 경우에는 선박 등의 검색을 서류심사로 대체할 수 있다.

심사 결과 위법한 사실을 발견하였을 때에는 지방출입국·외국인관서의 장은 관계 승무원 또는 승객의 출국이나 입국을 정지시킬 수 있다. 출입국의 정지는 위법한 사실의 조사에 필요한 기간에만 한정된다. 조사를 마친 뒤에도 계속하여 출입국을 금지하거나 정지시킬 필요가 있을 때에는 출입국관리법 제4조·제11조 또는 제29조에 따른 법무부장관의 결정을 받아야 한다. 지방출입국·외국인관서의 장은 승객이나 승무원의 출국을 금지하거나 정지시키기 위하여 필요하다고 인정하면 선박 등에 대하여 출항의 일시정지 또는 회항(回航)을 명하거나 선박 등에 출입하는 것을 제한할 수 있다. 이 경우에는 지체 없이 그 사실을 선박 등의 장이나 운수업자에게 통보하여야 한다. 출항의 일시정지·회항명령 또는 출입제한을 해제한 경우에도 또한 같다.

선박 등의 장은 출항검색이 끝난 후 3시간 이내에 출항할 수 없는 부득이한 사유가 생겼을 때에는 지방출입국·외국인관서의 장에게 그 사유를 보고하고 출항 직전에 다시 검색을 받아야 한다(출입국관리법 제69조, 제71조).

한편, 대한민국 영역에서 사람이나 물건을 수송하는 선박, 항공기, 그 밖의 교통기관이 불의의 사고나 항해상의 문제 등 특별한 사정으로 외국에 기항(寄港)한 경우에는 그 후 입항할 때에 출입국관리 공무원의 입항검색을 받아야 한다(출입국관리법 제70조).

(2) 문제점

제69조와 제70조의 검색과 심사는 그 본질상 형사소송 절차의 수색과 유사한 성격을 갖는다. 이런 관점에서는 영장주의를 적용하여야 할 것이다. 그러나 그 검색과 심사를 수색에 이르지 아니하는 질서행정작용의 일환[103]이므로 영장주의가 적용되지 않더라도 무방하다고 볼 수도 있는 영역이기도 하다.

위법한 사실의 조사를 마친 뒤에도 계속하여 출입국을 금지하거나 정지시킬 필요가 있을 때에는 출입국관리법 제4조·제11조 또는 제29조에 따른 법무부장관의 결정을 받도록 하고 있는 점과 관련해서는 출입국관리법 제4조·제11조 또는 제29조 해당 부분에서 지적한 문제점이 그대로 적용된다. 즉 법무부장관에게 지나치게 과도한 권한이 부여

---

103 예를 들어서 「경찰관 직무집행법」상 불심검문의 경우 영장을 필요로 하지는 않는다. 불심검문 이후에 형사절차로 이어지게 되는 경우에만 영장을 필요로 하는 것이다. 선박의 검색이나 심사는 이러한 불심검문에 준하는 행정작용이라고 볼 수도 있다는 것이다.

되어 있다는 것이다.

(3) 개선방안

출입국관리법 제69조와 제70조의 선박 검색 및 심사는 영장주의가 적용될 시간적 여유가 없이 즉시 이루어져야 할 필요성이 있으므로 이에 대해 언제나 법관이 관여하도록 하는 것은 적절하지 않다고 할 수 있다. 그러나 검색 및 심사를 통하여 출입국관리법 위반 사실이 발견된 이후에는 실질적으로 형사소송 절차상 수사로 이어지게 되므로, 이를 시행하는 출입국관리 공무원은 특별사법경찰관리의 지위에서 형사소송 절차를 준수하도록 하여야 한다.

조사를 마친 뒤에도 계속하여 출입국을 금지하거나 정지시킬 필요가 있을 때에는 법무부장관이 단독으로 결정하도록 규율할 것이 아니라, 법원의 승인을 얻도록 하는 것이 바람직하다. 법원의 승인이 불가하다면, 적어도 법무부장관으로부터 독립성이 보장되는 외부위원 과반수로 구성된 행정형 위원회가 그에 관한 결정을 내릴 필요가 있다.

Ⅲ. 정 리

이상과 같이 출입국관리법상 외국인의 체류와 관련하여 주로 보호처분과 심사 및 강제퇴거명령으로 이어지는 일련의 행정절차 과정에서 이루어지는 강제처분들을 살펴보면서 그러한 강제처분들이 행정청의 자유재량 영역에서 벗어나 합리적으로 예측 가능한 기준을 준수할 수 있도록 관련 규정들을 수정할 필요성이 있음을 살펴보았다. 객관적인 기준의 수립은 그 자체로는 직접적인 사법통제방안이라고 보기 어려울 수 있으나, 객관적 기준에 위배하였는지 여부에 관한 사법심사가, 행정청의 완전한 자유재량에 맡겨진 경우에 그 자유재량이 법률이 행정주체에 부여한 권한의 범위를 일탈·남용하였는지 여부를 심

사하는 경우에 비하여, 행정청의 위법·부당한 권한행사의 가능성을
줄일 수 있으리라는 점을 고려할 필요가 있기 때문이다.

그러나 이와 같이 입법적 수정을 통해 사법심사의 관여 가능성을
높이는 방법 외에, 현행 규범에 대한 해석론을 통해서도 사법통제가
가능한 방안을 모색할 필요가 있다. 이러한 필요성에 입각해서 출입국
관리 공무원은 출입국관리법 위반 사건 및 그 사건과 경합범의 관계에
있는 일정한 형사사건에 대해서 사법경찰관리의 직무를 행사할 수 있
다는 점을 기초로 하여, 이 법률에 규정한 사항을 위반하였음을 이유
로 하여 출입국관리 공무원이 취하는 일련의 조치들은 형사소송 절차
상 수사기관에 행하는 강제처분과 본질적으로 별다른 차이가 없는 성
격을 갖는다는 점을 살펴보았다. 이에 따라 형사소송 절차상 증거법칙
즉 자백 및 진술의 임의성 배제법칙이나, 진술거부권을 배제한 진술의
증거능력 배제법칙을 비롯한 위법절차에 의하여 수집된 증거의 배제
법칙 등은 원칙적으로 출입국관리법에 따라 이루어지는 행정조사에
대해서도 그대로 적용될 여지가 매우 크다고 보았다. 이러한 증거법칙
에 위배하여 수집된 자료들은 출입국관리법 위반 형사사건의 증거로
사용될 수 없을 뿐만 아니라, 출입국관리법에서 규정하고 있는 여러
가지 행정상 강제처분을 발할 수 있는 근거자료로도 사용될 수 없다는
해석론을 제시하였다.

한편, 마찬가지 관점에서 출입국관리법상 강제처분의 상당수에는
영장주의가 적용되어야 함도 지적하였다. 여기에는 두 가지 관점이 제
시되었는데, 하나는 구「음반·비디오물 및 게임물에 관한 법률」[104] 제
24조 제3항 제4호 소정의 '불법게임물의 수거·폐기'와 관련하여 헌법
재판소가 취한 입장에 대한 해석론에 바탕을 두고 있는 것으로서, 원
칙적인 방법으로는 외국인의 불법적인 국내 체류를 단속하고자 하는

| 104 2001. 5. 24. 법률 제6473호로 개정되기 전의 것.

출입국관리법의 목적을 달성할 수 없는 급박한 필요성이 인정되는 경우가 아니라면 법관의 영장주의가 적용될 수 있는 가능성이 있다는 해석론의 관점이다. 이러한 해석론은 최종적으로 사법기관에서 받아들여야 비로소 규범적 지위를 얻게 될 것이므로 사법기관이 그러한 해석론을 받아들일 수 있도록 계속적인 연구와 판례 비평이 이루어져야 할 것이지만, 상당한 반대론이 제기될 것이 예상되기도 한다.

출입국관리법상 각종 강제처분에 영장주의를 적용하기 위한 또 다른 관점은, 해석론만으로 행정조사를 거쳐 발하여지는 행정처분의 영역에 영장주의를 적용하는 것에는 상당한 무리가 있으므로,[105] 출입국관리법상 일정한 강제처분에 대해서 영장주의를 적용할 수 있도록 출입국관리법을 개정할 필요가 있다는 입법론의 관점이었다. 이러한 입법론에는 이미 외국인의 출입국관리와 관련하여 상당한 정도로 영장주의를 시행하고 있는 선진 외국의 입법례가 참고가 될 수 있을 것이다.

영장주의와 함께 사법통제방안이 실효성을 갖기 위하여 가장 중요한 수단은 변호인의 조력을 받을 권리를 제대로 보장하는 것이다. 이에 관하여 현행 출입국관리법은 변호인의 존재를 전제로 하고 있는 듯하면서도 정작 일련의 절차에 변호인이 관여할 수 있는 것인지 여부에 관하여 명문의 규정을 두고 있지 아니하다. 이 부분 역시 해석론만으로 대처하기에는 한계와 어려움이 있으므로 입법적으로 이 문제를 해결하는 것이 가장 명확한 길이 될 것이다.

---

105 헌법재판소 역시 "영장주의가 행정상 즉시강제에도 적용되는지에 관하여는 논란이 있으나, 행정상 즉시강제는 상대방의 임의이행을 기다릴 시간적 여유가 없을 때 하명 없이 바로 실력을 행사하는 것으로서, 그 본질상 급박성을 요건으로 하고 있어 법관의 영장을 기다려서는 그 목적을 달성할 수 없다고 할 것이므로, 원칙적으로 영장주의가 적용되지 않는다."는 입장을 취하고 있다. 위 2000헌가12 결정 참조.

출입국관리법에 대하여 사법통제가 충실하게 이루어지도록 하기 위해서는 적법절차 보장의 원리가 관철되어야 한다는 관점에서 마지막으로 지적하고자 하는 부분은 행정절차법 제3조 제2항 제9호, 시행령 제2조 제2호이다. 행정절차법 제3조 제2항 제9호는 "병역법에 따른 징집·소집, 외국인의 출입국·난민인정·귀화, 공무원 인사 관계 법령에 따른 징계와 그 밖의 처분, 이해 조정을 목적으로 하는 법령에 따른 알선조정·중재(仲裁)·재정(裁定) 또는 그 밖의 처분 등 해당 행정작용의 성질상 행정절차를 거치기 곤란하거나 거칠 필요가 없다고 인정되는 사항과 행정절차에 준하는 절차를 거친 사항으로서 대통령령으로 정하는 사항"에 대해서 행정절차법의 적용을 배제하고 있고, 이를 이어받은 같은 법 시행령 제2조 제2항은 '외국인의 출입국·난민인정에 관한 사항'을 적용제외 대상으로 규정하고 있다. 행정절차법은 행정절차에 관한 공통적인 사항을 규정하여 국민의 행정 참여를 도모함으로써 행정의 공정성·투명성 및 신뢰성을 확보하고 국민의 권익을 보호함을 목적으로 하는 법률이다. 그 보호대상을 '국민'이라고 규정하고 있기는 하지만, 행정의 공정성·투명성 및 신뢰성 확보 요청이 외국인에 대한 영역이라고 하여 특별히[106] 달리 취급되어야 할 이유는 없다고 할 것이다. 행정절차법이 제3조에서 적용제외 대상으로 규율하는 다른 영역들은 대체로 해당 법률 자체에 권리구제절차가 잘 정비되어 있어서 구태여 행정절차법의 적용을 필요로 하는 영역이 아니라고 볼 수 있는 영역들이다. 그러나 출입국관리법, 그중에서도 특히 외국인의 출입국 및 상세퇴거 등과 관련해서는 권리구제설자가 거의 갖추어져 있지 않고 오로지 행정주체의 자유재량에 일임되어 있는 영역이 거의 대부분이다. 외국인에 대한 출입국관리의 신속성을 도모하기 위해서는

---

106 상호주의에 따른 예외 등 합리적으로 수긍할 수 있는 이유 또는 정책적 합목적성의 고려가 필요한 부분은 제외한다.

행정절차법의 철저한 적용을 일정 부분 희생할 수밖에 없는 영역이 있을 수 있겠으나, 구체적인 경우를 따져보지 아니하고 전면적으로 행정절차법의 적용을 배제하는 태도는 바람직하다고 할 수 없다. '외국인의 출입국·난민인정에 관한 사항'이라고 하더라도 그 성질에 반하지 아니하거나 다른 법률에 별도의 구제절차가 규정되어 있지 아니한 경우라면 행정절차법의 규정들이 적용될 수 있도록 행정절차법을 수정할 필요가 있다.

行政調査의 司法的 統制方案 研究

정치자금법 및 공직선거법상 행정조사의 사법적 통제방안

I. 총 설

정치자금법이나 공직선거법은 선거관리위원회의 임원이나 직원으로 하여금 해당 법률 위반 여부를 조사하기 위한 광범위한 권한을 규정하고 있다. 이 규정들에 따른 행정행위는 그 본질상 형사소송 절차상 수사행위와 별반 다르지 않은 것으로 보인다. 이러한 행정행위에 대해서는 헌법상 기본원리인 적법절차 보장의 원리가 당연히 적용되어야 할 뿐만 아니라, 출입국관리법과 관련하여 제기하였던, 유사한 성격의 행정행위에 대해서는 형사소송 절차에 준하여 증거법칙이나 변호인의 조력권이 보장될 필요가 있다고 할 것이다. 이에 관하여 현행 정치자금법이나 공직선거법의 규정은 전혀 이에 관한 보장이 없거나, 부분적으로만 이를 보장하고 있는 수준에 그치고 있으므로, 개정이 필요하다고 할 것이다. 이하에서 해당 법률들의 구체적 조문을 중심으로 살펴보도록 한다.

Ⅱ. 관련 규정의 개관

1. 정치자금법

정치자금법 제52조는 선거관리위원회의 임원이나 직원이 정치자금범죄를 조사하는 것에 관하여 다음과 같이 규정하고 있다.

읍·면·동 선거관리위원회를 제외한 각급 선거관리위원회의 위원이나 직원은, 정치자금법을 위반한 범죄의 혐의가 있다고 인정되거나 현행범의 신고를 받은 경우에는 그 장소에 출입하여 정당, 후원회, 후원회를 둔 국회의원, 대통령선거경선후보자, 당대표경선후보자등, 공직선거의 후보자·예비후보자, 회계책임자, 정치자금을 기부하거나 받은 자 또는 정치자금에서 지출하는 비용을 지급받거나 받을 권리가 있는 자 그밖에 관계인에 대하여 질문·조사하거나 관계 서류 그밖에 조사에 필요한 자료의 제출을 요구할 수 있다. 누구든지 각급 선거관리위원회의 위원이나 직원의 출입을 방해하여서는 아니 되며, 질문·조사를 받거나 자료의 제출을 요구받은 자는 즉시 이에 따라야 한다.

그리고 정치자금의 수입과 지출에 관한 조사를 위하여 불가피한 경우에는 다른 법률의 규정에 불구하고 금융기관의 장에게 이 법을 위반하여 정치자금을 주거나 받은 혐의가 있다고 인정되는 상당한 이유가 있는 사의 금융거래자료의 제출을 요구할 수 있다. 다만, 당해 계좌에 입·출금된 타인의 계좌에 대하여는 그러하지 아니하다. 이 경우 당해 금융기관의 장은 이를 거부할 수 없다. 제출을 요구할 수 있는 금융거래자료는 "① 계좌개설 내역, ② 통장원부 사본, ③ 계좌이체의 경우 거래상대방의 인적 사항, ④ 수표에 의한 거래의 경우 당해 수표

의 최초 발행기관 및 발행의뢰인의 인적 사항"이다. 금융거래의 내용
에 대한 정보 또는 자료를 알게 된 자는 그 알게 된 거래정보 등을 타
인에게 제공 또는 누설하거나 그 목적 외의 용도로 이를 이용하여서는
아니 된다.

　한편, 각급 선거관리위원회 위원이나 직원은 정치자금법에 규정된
범죄에 사용된 증거물품으로서 증거인멸의 우려가 있다고 인정되는
경우에는 조사에 필요한 범위 안에서 현장에서 이를 수거할 수 있다.
수거한 증거물품은 그 관련된 범죄에 대하여 고발 또는 수사의뢰한
때에는 관계 수사기관에 송부하고 그러하지 아니한 때에는 그 소유·
점유·관리하는 자에게 지체 없이 반환하여야 한다. 또 정치자금범죄
의 조사와 관련하여 관계자에게 질문·조사하기 위하여 필요하다고 인
정되는 때에는 선거관리위원회에 출석할 것을 요구할 수 있고, 범죄혐
의에 대하여 명백한 증거가 있는 때에는 동행을 요구할 수도 있다. 다
만, 대통령선거경선후보자·당대표경선후보자등의 당내경선을 포함한
공직선거의 선거기간 중 대통령선거경선후보자·당대표경선후보자 등
을 포함한 후보자에 대하여는 동행 또는 출석을 요구할 수 없다.

　각급 선거관리위원회 위원 또는 직원이 이러한 직무를 수행하는
경우에는 관계인에게 그 신분을 표시하는 증표를 제시하고 소속과 성
명을 밝히고 그 목적과 이유를 설명하여야 한다.

　이상의 자료제출요구서, 증거자료의 수거 및 증표의 규격 그밖에
필요한 사항은 중앙선거관리위원회규칙으로 정한다.

2. 공직선거법

가. 선거범죄의 조사 등(공직선거법 제272조)

　각급 선거관리위원회 위원이나 직원은 선거범죄에 관하여 그 범
죄의 혐의가 있다고 인정되거나, 경선후보자를 포함한 후보자·예비후

보자·선거사무장·선거연락소장 또는 선거사무원이 제기한 그 범죄의
혐의가 있다는 소명이 이유 있다고 인정되는 경우 또는 현행범의 신고
를 받은 경우에는 그 장소에 출입하여 관계인에 대하여 질문·조사를
하거나 관련서류 기타 조사에 필요한 자료의 제출을 요구할 수 있다.
누구든지 각급 선거관리위원회의 위원이나 직원의 출입을 방해하여서
는 아니 되며, 질문·조사를 받거나 자료의 제출을 요구받은 자는 즉시
이에 따라야 한다. 각급 선거관리위원회 위원 또는 직원이 피조사자에
대하여 질문·조사를 하는 경우에는 질문·조사를 하기 전에 피조사자
에게 진술을 거부할 수 있는 권리 및 변호인의 조력을 받을 권리가 있
음을 알리고, 문답서에 이에 대한 답변을 기재하여야 한다. 각급선거
관리위원회 위원·직원은 피조사자가 변호인의 조력을 받으려는 의사
를 밝힌 경우 지체 없이 변호인(변호인이 되려는 자를 포함한다)으로 하여
금 조사에 참여하게 하거나 의견을 진술하게 하여야 한다.

　　선거범죄 현장에서 선거범죄에 사용된 증거물품으로서 증거인멸
의 우려가 있다고 인정되는 때에는 조사에 필요한 범위 안에서 현장에
서 이를 수거할 수 있다. 수거한 증거물품은 그 관련된 선거범죄에 대
하여 고발 또는 수사의뢰한 때에는 관계수사기관에 송부하고, 그러하
지 아니한 때에는 그 소유·점유·관리하는 자에게 지체없이 반환하여
야 한다. 누구든지 각급 선거관리위원회의 위원이나 직원의 출입을 방
해하여서는 아니 되며, 질문·조사를 받거나 자료의 제출을 요구받은
자는 즉시 이에 따라야 한다.

　　각급 선거관리위원회의 위원이나 직원은 선거범죄 조사와 관련하
여 관계자에게 질문·조사하기 위하여 필요하다고 인정되는 때에는 선
거관리위원회에 동행 또는 출석할 것을 요구할 수 있다. 다만, 선거기
간 중 후보자에 대하여는 동행 또는 출석을 요구할 수 없다.

　　각급 선거관리위원회의 위원이나 직원은 선거의 자유와 공정을

현저히 해할 우려가 있는 공직선거법에 위반되는 행위가 눈앞에 행하여지고 있거나, 행하여질 것이 명백하다고 인정되는 경우에는 그 현장에서 행위의 중단 또는 예방에 필요한 조치를 할 수 있다.

각급 선거관리위원회 위원 또는 직원이 이러한 직무를 수행하는 경우에는 관계인에게 그 신분을 표시하는 증표를 제시하고 소속과 성명을 밝히고 그 목적과 이유를 설명하여야 한다.

이상의 소명절차와 방법, 증거자료의 수거, 증표의 규격 기타 필요한 사항은 중앙선거관리위원회규칙으로 정한다.

나. 통신관련 선거범죄의 조사등(공직선거법 제272조의3)

읍·면·동 선거관리위원회를 제외한 각급 선거관리위원회의 위원이나 직원은 정보통신망을 이용한 공직선거법 위반행위의 혐의가 있다고 인정되는 상당한 이유가 있는 때에는 당해 선거관리위원회의 소재지를 관할하는 고등법원(구·시·군 선거관리위원회의 경우에는 지방법원)의 수석부장판사 또는 이에 상당하는 부장판사의 승인을 얻어 정보통신서비스 제공자에게 당해 정보통신서비스 이용자를 식별하기 위한 부호를 포함한 이용자의 성명, 주민등록번호, 전자우편주소·인터넷 로그 기록자료 및 정보통신망에 접속한 정보통신기기의 위치를 확인할 수 있는 자료를 포함한 주소, 이용기간, 이용요금에 대한 자료의 열람이나 제출을 요청할 수 있으며, 전화를 이용한 공직선거법 위반행위의 혐의가 있다고 인정되는 상당한 이유가 있는 때에도 마찬가지로 승인을 얻어 정보통신서비스 제공자에게 당해 정보통신서비스 이용자를 식별하기 위한 부호를 포함한 이용자의 성명, 주민등록번호, 이용기간, 이용요금, 송화자 또는 수화자의 전화번호, 설치장소와 설치대수에 대한 자료의 열람이나 제출을 요청할 수 있다. 그러나 "① 인터넷 홈페이지 게시판·대화방 등에 글이나 동영상 등을 게시하거나 전자우편을 전송한 사람의 성명, 주민등록번호, 주소 등 인적사항, ② 문자메시지를 전송한 사람의 성명, 주민등록번호, 주소 등 인적사항 및 전송통수"
의 자료 열람이나 제출을 요청하는 때에는 승인을 필요로 하지 아니한
다. 각급 선거관리위원회 직원은 정보통신서비스 제공자로부터 제1항
부터 제3항까지에 따라 제출받은 자료를 이 법 위반행위에 대한 조사
목적외의 용도로 사용하여서는 아니 되고, 관계 수사기관에 고발 또는
수사의뢰하는 경우를 제외하고는 이를 공개하여서는 아니 되며, 이상
의 요청을 받은 자는 지체 없이 이에 응하여야 한다. 이상의 요청 기
타 필요한 사항은 중앙선거관리위원회규칙으로 정한다.

Ⅲ. 문제점

정치자금법이나 공직선거법에서 규율하는 질문이나 조사, 장소 출
입, 자료의 제출, 물품의 수거는 광의의 행정조사행위라고 할 수 있고,
그 본질은 형사소송 절차의 수사행위와 다르지 않다. 해당 행위들을
통하여 수집된 자료 역시 범죄혐의에 대한 수사자료로 사용된다는 점
에서 위와 같은 행정조사는 단지 행정상 제재가 아니라 형사절차를 예
정하고 있는 행정행위라고 할 수 있다. 따라서 이러한 행위들에 대해
서는 헌법상 기본원리인 적법절차의 원리가 당연히 적용되어야 하며,
형사절차를 예정하고 있는 조사행위로서, 수집된 자료가 형사절차의
증거자료가 된다는 점에서 형사소송법상 증거법칙 및 진술거부권, 변
호인의 조력권 등이 적용되고 보장되어야 할 것이다.[107]
그러니 정치자금법과 공직선거법은 이에 관하여 아무런 규정을
두고 있지 아니하거나, 매우 불충분한 규정만 두고 있을 뿐이다. 즉 정
치자금법에서는 아무런 규정을 두고 있지 않으며, 공직선거법은 진술
거부권의 고지 및 변호인의 조력을 받을 수 있음과 변호인의 참여권을

| 107 이에 관한 상세는 출입국관리법의 적법절차 적용 여부 부분 참조.

보장하여야 한다는 내용을 규정하고 있다. 물론 해석상 임의성 없는 진술의 증거능력이 배제될 것임은 당연하지만, 그밖에도 자료의 제출 및 수거 등 압수와 유사한 절차에서 당사자 등 관계인이나 변호인의 참여를 보장하는 규정이 없다는 점은 문제점으로 지적할 수 있다. 또 영장이 없는 상태에서의 장소 출입이나 자료제출 요구에 대해서도 무조건 협조할 의무만을 규정함으로써 영장주의를 완전히 배제하고 있는 것 역시 문제이다.

물론 이 문제는 기본적으로 행정조사기본법의 태도를 따른 것으로 볼 수 있으므로, 행정조사기본법의 개정을 필요로 하는 문제라고 볼 수도 있을 것이다. 그러나 행정조사기본법은 모든 행정조사 절차에 일반규범으로 적용되는 것이고, 개별적으로 구체적인 특정한 행정조사 절차가 형사소송 절차와 본질적으로 차이가 없는 경우에는 행정조사기본법보다는 형사소송법의 기준을 준수하는 것이 바람직하다고 할 것이다.

마지막으로 정치자금법이나 공직선거법 모두 구체적인 사항은 중앙선거관리위원회규칙에 위임하는 태도를 취하고 있다. 그러나 위에서 본 바와 같이 해당 행정절차가 본질적으로 수사절차에 해당한다고 본다면, 이에 대해서는 중앙선거관리위원회규칙보다 상위의 규범인 형사소송법이 적용 또는 준용되어야 할 것이라는 점에서 이와 같이 중앙선거관리위원회규칙에 위임하는 방식은 수정이 필요하다.

IV. 개선방안

정치자금법이나 공직선거법이 규정하고 있는 조사에 대해서는 형사소송법을 준용한다는 일반규정을 추가하는 개정이 필요하다. 이렇게 개정한다면 진술거부권의 고지, 변호인의 조력, 변호인의 참여 보장 등을 구태여 별도로 규정할 필요가 없게 되어 조문이 간결해지는 이점도 있다. 정치자금법 위반 사건이나 공직선거법 위반 사건의 특성상 긴급성이 강하게 요청되는 경우가 많을 것이지만, 이러한 긴급성의 요청이 영장주의를 배제할 수 있는 당위성을 제공하는 것은 아니다. 긴급성의 요청이 강한 경우에는 사후영장의 방법으로 얼마든지 행정목적을 달성하면서도 사법통제가 가능할 수 있기 때문이다.

덧붙여서 「사법경찰관리의 직무를 수행할 자와 그 직무범위에 관한 법률」에서 규정하는 사법경찰관리의 직무를 수행할 수 있는 자의 범주에 각급 선거관리위원회의 위원이나 직원을 포함시킬 필요가 있다.

조사의 절차와 방법 등 구체적인 사항을 중앙선거관리위원회규칙에 위임하는 문제 역시 형사소송법의 준용으로 형사소송법에 규정이 없는 사항에 한하여 중앙선거관리위원회규칙이 규율하게 될 것이므로 문제가 해소될 것이다.

行政調査의 司法的 統制方案 硏究

결론 및 기대효과

I. 결 론

이상에서 살펴본 바와 같이, 2007년부터 행정조사기본법이 제정되어 시행되어 오고 있으나, 그동안 행정법학계에서나 법조실무계에서 행정조사의 사법적 통제방안을 둘러싸고 이론적·실증적 측면에서 깊이 있는 논의가 활발하게 이루어지지 못하였다. 행정조사의 실제에 있어서도 적법절차원칙의 적용이 있다는 원론적인 차원에서 논의가 맴돌고 있다. 행정조사가 사전적으로 공정하고 투명하게 행하여지고 국민의 신뢰를 얻을 수 있도록 절차적 통제에 주안점을 둘 필요가 있다. 이러한 관점에서 사실상 수사로서 기능하는 행정조사에 있어서 진술거부권이나 영장주의 내지 변호사의 조력권보장이 제대로 안 되고 있어 적극적인 해석론의 전개와 더불어 입법론적인 차원에서 제도적 개선이 시급한 실정이다.

특히 행정조사 중에 '법위반사실의 조사' 내지 형사처벌을 전제로 하는 조사에 있어서 당사자는 형사사건의 피의자와 마찬가지로 긴장감을 받게 되는 것을 부정할 수 없다. 이러한 관점에서 경찰이나 검찰에서의 피의자 신문의 경우와 마찬가지로 조사과정에 있어서 행정조사의 신뢰를 위해 공개성과 투명성의 요청이 무엇보다 중요한 과제가 된다. 행정조사의 경우 비록 비권력적 작용이라고 할지라도 이러한 조사가 형사사건의 증거로 변환될 여지가 있으므로 행정조사는 법률의 근거가 없다면 허용되지 않아야 한다. 행정조사는 권력적 조사와 비권력조사로 구분이 가능하지만, 당사자의 자발적인 동의를 전제로 한 '임의조사'가 원칙적인 형태가 되어야 할 것이다. 법치행정의 원리에 입각하여 국민의 권익을 침해하는 권력적인 행정조사의 경우에는 법률적 수권이 필요하고 나아가 법위반사실의 조사는 권력적 행정조사이면서 사실상 형사상 수사와 다름이 없으므로 법률의 근거가 있는 것으로 그칠 것이 아니라 형사소송법의 절차도 준수하는 방향으로 제도개선이 필요하다.

행정조사기본법의 문제점으로는 먼저 세무조사나 공정거래위원회의 조사 등에 있어서 그 적용을 배제하도록 하는 등 그 적용의 제외가 광범위하다는 점을 들 수 있는데 이를 제한하는 방향으로 입법적 개선이 필요할 것이다. 다음으로, 수시조사가 주로 범죄혐의 있는 조사와 관련되어 사전통지 절차 등 방어권의 보장차원에서 이를 광범위하게 허용하는 것 역시 시정해 나갈 필요가 있다. 아울러 행정조사에 있어서 개인정보의 무분별한 수집이 이루어질 수 있으므로 이를 억제하기 위한 제도적 보완책이 행정조사기본법에 반영될 필요가 있다.

앞서도 지적한 바와 같이, 시급한 과제 중의 하나는 사실상 수사로서 기능하는 일정한 행정조사에 있어서 헌법상 진술거부권과 영장

주의 나아가 변호사의 조력권을 확보하는 등 절차적 통제방안을 제도
화해 나가는 것이다.

한편, 국세기본법에 세무조사와 관련하여 여러 조항이 있으나, 실
제 운영과정에 있어서는 이와 같은 절차적 권리에도 불구하고 세무조
사의 대상선정이나 그 조사의 강도와 관련하여 공정성과 객관성이 담
보되지 못하고 자의적으로 이루어지는 경우가 적지 않다. 따라서 향후
납세자의 형식적 동의 하에 절차가 무시된 채 광범위한 자료의 수집이
이루어지는 등 세무조사의 남용을 억제하기 위하여 위법한 세무조사
에 대한 사전·사후적인 사법적 통제장치가 보완되고 개선될 필요가
있다.

나아가, 「독점규제 및 공정거래에 관한 법률」에서 공정거래위원회
의 부당내부거래 조사 등과 관련하여 행사하는 출입검사권, 자료제출
명령권 및 영치권, 금융거래정보요구권 등은 법관의 영장을 발부받지
아니하고 광범위하게 이루어지고 있으며, 과도한 조사기간을 설정하는
등 조사권이 남용되는 사례가 적지 않은바, 이를 억제하기 위해 사법
적 통제가 강화될 필요가 있다. 특히 공정거래위원회의 심결에 대해
불복하는 경우 행정소송을 현재 서울고등법원의 전속관할로 하여 2심
제로 운영하고 있으나, 서울행정법원이 제1심으로 되도록 개선하여 3
심제로 운영해 나갈 필요가 있다. 나아가 공정거래위원회의 심리절차
에 있어서도 피조사자의 권익을 확보하기 위해 위법한 조사활동으로
확보된 증거는 향후 형사사건에 있어서 적법한 증거로 활용하지 못하
도록 제도화하고, 아울러 국세기본법에서 규정을 두고 있는 바와 같이
조사과정에서 변호사의 조력권을 「독점규제 및 공정거래에 관한 법
률」에 명문화하는 등 조사대상자 내지 피조사자의 권익확보를 도모하
기 위한 제도개선이 시급히 요청된다.

또한, 출입국관리법에 따라 행정청이 발할 수 있는 여러 조치들은

행정청의 자유재량 영역에만 맡겨둘 것이 아니라 합리적으로 예측 가능한 기준을 준수할 수 있도록 관련 규정들을 수정할 필요가 있다. 기준이 마련되어야 객관적 기준에 위배하였는지 여부에 관한 사법심사가 제대로 기능할 수 있을 것이기 때문이다. 한편 출입국관리 공무원은 출입국관리법 위반 사건 및 그 사건과 경합범의 관계에 있는 일정한 형사사건에 대해서 사법경찰관리의 직무를 행사할 수 있으므로 출입국관리법에 규정한 사항을 위반하였음을 이유로 하여 출입국관리 공무원이 취하는 일련의 조치들은 형사소송 절차상 수사기관에 행하는 강제처분과 본질적으로 별다른 차이가 없는바, 형사소송 절차상 증거법칙, 즉 자백 및 진술의 임의성 배제법칙이나, 진술거부권을 배제한 진술의 증거능력 배제법칙을 비롯한 위법절차에 의하여 수집된 증거의 배제법칙 등은 원칙적으로 출입국관리법에 따라 이루어지는 행정조사에 대해서도 그대로 적용하도록 적극적 해석론이 필요하다. 영장주의와 변호인의 조력권 역시 적극적 해석론이 필요한 영역이다. 그러나 현재까지의 판례 등에서 알 수 있듯이 해석론만으로 대처하기에는 한계와 어려움이 있으므로 입법적으로 이 문제를 해결하는 것이 가장 명확한 길이 될 것이다. '외국인의 출입국·난민인정에 관한 사항'이라고 하더라도 그 성질에 반하지 아니하거나 다른 법률에 별도의 구제절차가 규정되어 있지 아니한 경우라면 행정절차법의 규정들이 적용될 수 있도록 행정절차법을 수정하는 것도 입법적 개선방안의 하나가 될 것이다.

그리고, 정치자금법 위반 사건이나 공직선거법 위반 사건에 대한 조사는 거의 대부분 형사절차로 이어지게 된다는 점에서 형사소송법을 준용한다는 일반규정을 추가하는 개정이 필요하다. 이 경우 실질적인 수사에 해당하는 조사의 절차와 방법 등 구체적인 사항을 중앙선거관리위원회규칙에 위임하는 문제 역시 형사소송법을 준용하게 된다

면 형사소송법에 규정이 없는 사항에 한하여 중앙선거관리위원회규칙
이 규율하게 되어 문제가 해소될 수 있다. 진술거부권의 고지, 변호인
의 조력, 변호인의 참여 보장 등을 구태여 별도로 규정할 필요가 없게
되어 조문이 간결해지게 된다. 영장주의를 적용하더라도 긴급한 경우
에는 사후영장으로 대응할 수 있으므로 행정의 공백을 초래하지는 않
을 것이다. 이와 더불어 「사법경찰관리의 직무를 수행할 자와 그 직무
범위에 관한 법률」을 개정하여 사법경찰관리의 직무를 수행할 수 있는
자의 범주에 각급 선거관리위원회의 위원이나 직원을 포함시키는 방
안으로 제도개선이 필요하다.

II. 연구의 기대효과

　본 연구를 통하여 얻을 수 있는 기대효과로 다음 사항을 들 수 있다.

　첫째로, 형사사법절차를 우회하여 행정조사를 통해 손쉽게 증거를
확보하는 길을 차단하는 방향으로 법 해석을 하고 아울러 행정조사에
있어서 사법적 통제를 강화하는 방향으로 입법적 개선을 촉구할 수 있
다. 이로써, 행정조사에 있어서 사전·사후적인 사법적 통제를 강화하
여 국민의 기본적 인권의 확보에 기여할 것이다.

　둘째로, 순수한 행정조사작용을 통하여 확보한 자료가 형사절차에
증거로 원용되기 위해서는 별도의 절차적 통제장치를 마련하도록 하
고, 위법한 행정조사로 확보된 증거는 증거능력을 배제하는 등 피조사
자의 기본적 인권과 절차적 권리를 보장하게 된다.

　셋째로, 사실상 수사로 이루어지는 위법행위에 대한 조사의 경우
에는 엄격한 형사사법절차에 준하는 절차적 통제를 요구함으로써 행
정조사와 수사가 겹치는 접경영역에서 사법적 통제를 강화하게 되어
국민의 기본적 인권을 옹호하게 된다.

　넷째로, 행정조사에 있어서 절차적 권리 즉, 진술거부권, 영장주의 및 변호사조력권을 보장함으로써 변호사의 활동영역을 좁은 의미의 형사사건의 수사절차에 그치지 않고 행정조사 영역에까지 확장하는 등 피조사자의 권익옹호에 만전을 기할 수 있게 된다.

　끝으로, 행정조사에 관한 연구를 행정법학적인 차원을 넘어 헌법, 형사법학적인 논의로 발전시켜 학제간 연구를 촉진하고, 나아가 행정조사기본법을 비롯하여 국세기본법, 「독점규제 및 공정거래에 관한 법률」, 출입국관리법, 공직선거법 등 개별 법률상의 행정조사제도 전반에 대한 입법적 개선점을 도출하는 계기가 될 것이다.

참고문헌

강수진, "공정거래위원회의 조사권 행사와 형사절차상 원칙과의 관계", 「형사법의 신동향」 통권 제37호, 2012.

김남욱, "경찰상의 조사에 관한 법적 문제", 「토지공법연구」 제33집, 2006.

김남욱, "공정거래위원회의 강제조사권", 「토지공법연구」 제17집, 2003.

김동복, "세무조사에 관한 법적 검토 ― 질문·검사권을 중심으로 ―", 「공법연구」 제29집 제4호, 2001.

김대근 외 4인, "출입국관리상 인권제고를 위한 형사정책적 대응 ― 불법체류 외국인을 중심으로 ―", 한국형사정책연구원, 2014.

김대환, "거주이전의 자유", 「토지공법연구」 제37집 제2호, 2007.

김성태, "통신법상의 행정조사 ― 독일 통신법(TKG)상의 행정조사와의 비교고찰", 「행정법연구」 제17호, 2007.

김영란, "세무조사의 절차상 문제점과 개선방안", 「조세와 법」 제4권, 2011.

김영조, "미국행정법상 행정조사의 법리에 관한 고찰", 「토지공법연구」 제19집, 2004.

김영조, "행정조사기본법의 문제점과 개선방안", 「공법학연구」 제8권 제3호, 2007.

김영조, "행정조사에 관한 연구 ― 특히 세무조사의 법적 문제를 중심으로 ―", 경희대학교 대학원 법학박사학위논문, 1998.

김용섭, "법치행정원리에 대한 재검토", 「경희법학」 제33권 제1호, 1998.

김용섭, "부당결부금지원칙과 부관", 「행정판례연구」 제15권 제2호, 2010.

김용섭, "행정상 사실행위의 법적문제", 「인권과 정의」 통권 제283호, 2000.

김재광, "행정조사기본법 입법과정에 관한 고찰", 「법학논총」 제33권 제2호, 2009.

김철용,『행정법』, 고시계사, 2016.

김향기,『행정법개론』, 탑북스, 2010.

박균성,『행정법강의』, 박영사, 2016.

박정훈,『행정법의 체계와 방법론』, 박영사, 2005.

박정훈, "컴퓨터 프로그램보호법상 단속처분 및 행정조사법제의 문제점과 개선방안",「행정법연구」제9호, 2003.

박정훈 외 3인, "미국 등 주요 선진국가의 행정조사와 영장주의 — 출입국사범에 대한 단속을 중심으로", 법무부 출입국·외국인정책본부, 2011.

박혜림, "수사단계의 적법절차원리에 대한 고찰 — 사실상 수사로서의 행정조사를 중심으로 —",「법학논총」제20집 제2호, 2014.

법무부,『미국 등 주요 선진국가의 행정조사와 영장주의』, 2011.

법제처,『헌법주석서 Ⅰ』, 2007.

백창현, "경찰상 조사의 법적 한계에 관한 소고",「치안정책연구」제18호, 2004.

송진경, "압수, 수색으로서의 실질적 의미를 가지는 행정조사에 있어서 영장주의의 준수필요성에 대한 소고",「법과 정책」제20집 제3호, 2014.

신보성, "행정조사와 개인정보의 보호 — 특히 경찰에 의한 정보수집과 관련하여 —",「중앙법학」창간호, 1999.

신상환, "행정조사의 법이론과 법제소고",「법제연구」제13호, 1997.

신평우, "세법상 세무조사권 규정의 법적 검토와 권리구제에 관한 연구",「공법연구」제42집 제1호, 2013.

안태준, "공정거래법상 조사방해행위에 대한 연구",「법조」통권 제673호, 2012.

오준근, "행정조사의 공법이론적 재검토",「공법연구」제31집 제3호, 2003.

오준근, "행정조사제도의 법리적 논의·입법동향의 평가와 개선방안에 관한 연구",「토지공법연구」제45집, 2009.

윤혜선, "캐나다 판례법상 행정조사의 절차적 공정성 법리에 관한 고찰",「한양법학」통권 제38집, 2012.

이근우, "행정조사의 형사법적 한계설정",「고려법학」제72호, 2014.

이근우, "보호인가 구금인가 — 출입국관리법상 강제처분 비판",「비교형사법연구」 제14권 제2호, 2012.

이근우, "행정형법의 재구성: 개념, 구조, 절차", 고려대학교 대학원 법학박사 학위논문, 2008.

이상규, "행정조사와 기본권", 「사법행정」 제4권 제11호, 1963.

이재구, "행정조사과정에서 발생하는 문제점 및 개선방안에 관한 실무적 고 찰 ― 행정조사와 수사를 중심으로 ―", 한양대학교 공공정책대학원 석사학위논문, 2015.

이재상, "출입국관리법상의 외국인에 대한 강제퇴거와 보호에 관한 연구', 「토 지공법연구」 제59집, 2012.

이창섭, "공정거래법상 고발요청권에 관한 소고", 「형사정책연구」 제26권 제4 호, 2015.

전수진, "행정조사제도에 관한 연구 ― 수사절차와의 관계 및 미국법과의 비 교를 중심으로―", 서울대학교 대학원 법학석사학위논문, 2013.

정상희, "출입국관리법상 형사피고인에 대한 출국금지의 고찰", 「변호사」 제 44집, 2012.

정영철, "행정법의 일반원칙으로서의 적법절차원칙", 「공법연구」 제42집 제1 호, 2013.

장은혜, "행정조사에 있어서의 권리구제에 관한 고찰", 아주대학교 대학원 법 학석사학위논문, 2009.

정하중, 『행정법개론』, 법문사, 2015.

정한중, "행정조사와 진술거부권 고지의무 ― 대법원 2014. 1. 16. 선고 2013 도5441 판결 ―", 「외법논집」 제38권 제2호, 2014.

조성국, "피조사기업의 절차적 권리보장에 관한 주요쟁점", 「경쟁과 법」 제6 호, 2016.

최승필, "세무조사의 요건 및 절차와 권리구제에 대한 법적 검토 ― 재결과 판례 에 나타난 주요 쟁점을 중심으로―", 「공법연구」 제42집 제3호, 2014.

Bettina Spilker, 『Behördliche Amtsermittlung』, Mohr Siebeck, 2015.

Wolfgang Mitsch, "Strafprozessuale Beweisverbote im Spannungsfeld zwischen

Jurisprudenz und realer Gefahr," NJW 32/2008.

Peter Jacob, "Der Amtsermittlungsgrundsatz vor dem Verwaltungsgericht," JUS 2011.

早坂禧子, "行政調査 ― 強制の視點を中心にして", 「公法研究」 58号, 1996.

伊藤鐵男・荒井喜美, "行政調査における事情聽取の抱える問題點 ― 犯罪搜査における取調べの現實的課題を踏まえて", 「NBL」 No. 998, 2013.

판례색인

사항색인

책임연구위원 약력

김용섭(金容燮)

독일 만하임대학교 대학원 졸업(법학박사)
제26회 사법시험 합격 / 사법연수원(제16기) 수료
법제처 행정심판담당관 / (현) 헌법재판소 제도개선위원회 위원
(현) 전북대학교 법학전문대학원 교수

연구위원 약력

이경구(李炅九)

고려대학교 법과대학 법학과 졸업
제28회 사법시험 합격 / 사법연수원(제18기) 수료
서울행정법원 부장판사
(현) 김&장 법률사무소 변호사

이광수(李光洙)

서울대학교 법과대학 법학과 졸업
제27회 사법시험 합격 / 사법연수원(제17기) 수료
대법원 양형위원회 위원 / 법무부 형사법개정분과특별위원회 위원
(현) 서울지방변호사회 법제이사·법제연구원 부원장

서울지방변호사회 법제연구원 연구총서 07

행정조사의 사법적 통제방안 연구

초판인쇄　　　2016년 12월　5일
초판발행　　　2016년 12월 15일

연구위원　　　서울지방변호사회 김용섭 · 이경구 · 이광수
펴낸이　　　　안종만

편　집　　　　이승현
기획/마케팅　　조성호
표지디자인　　조아라
제　작　　　　우인도 · 고철민

펴낸곳　　　　㈜ **박영사**
　　　　　　　서울특별시 종로구 새문안로3길 36, 1601
　　　　　　　등록　1959. 3. 11. 제300-1959-1호(倫)
전　화　　　　02)733-6771
ｆａｘ　　　　02)736-4818
e-mail　　　　pys@pybook.co.kr
homepage　　　www.pybook.co.kr
ISBN　　　　　979-11-303-2957-4　　93360

정　가　　　20,000원